Rev. Sc. ph. th. 78 (1994) 373-388

LES BÉATITUDES
ET LA BÉATITUDE

LE DYNAMISME DE LA *SOMME DE THÉOLOGIE* DE THOMAS D'AQUIN : UNE LECTURE DE LA *I^a-II^{ae}* q.69 *

par Dalmazio MONGILLO

I. L'INTERPRÉTATION DE *MATTHIEU* 5, 1-10 PAR THOMAS D'AQUIN

Plusieurs théologiens ont déjà mis en lumière la richesse doctrinale de la q.69 de *Somme de théologie I^a-II^{ae}*[1]. Leurs analyses invitent à poursuivre la recherche sur ce point où S. Thomas, s'inspirant de la tradition des Pères, expose les caractères fondamentaux de la condition des fidèles dans le statut de la Loi Nouvelle[2]. De cette élaboration qui innove en plusieurs secteurs, je cherche à dégager les traits majeurs.

Le foyer de l'interprétation proposée réside dans l'articulation des Béatitudes évangéliques avec la présence de l'Esprit Saint en mission dans l'âme pour l'assister, d'où une dimension «spirituelle» au sens le plus

* Cet article a d'abord fait l'objet d'une communication orale lors de la Journée d'études sur S. Thomas, au couvent S. Jacques de Paris, le 4 décembre 1993.

1. Quelques noms : A. Gardeil, M. D. Roland-Gosselin, M. M. Labourdette, S. Pinckaers. Faut-il rappeler ? La doctrine des Béatitudes évangéliques est une des pièces principales qui structurent toute la *Somme de théologie*. La béatitude divine (*I^a* q.26) est la source et le sommet des missions trinitaires (*I^a* q.43). Elle préside à la *I^a-II^{ae}* (cf. *Prol.* ; q.1-5 sur la fin ultime ; q.6 *Prol.*, sur l'action humaine comme accès à la béatitude ; les principes internes et externes de l'action). Dans la *II^a-II^{ae}*, elle est développée en liaison avec les vertus théologales et morales : q.8, 7, les cœurs purs ; q.9, 4, les affligés ; q.19, 12, les pauvres ; q.45, 6, les artisans de paix ; q.52, 4, les miséricordieux ; q.121, 2, les doux ; q.139, 2, les affamés de justice. La doctrine sur la grâce capitale du Christ (*III^a* q.8), sur les mystères de la vie du Christ (q.27-59) et les sacrements (q.60s), est étroitement liée à la communication de la béatitude par l'Esprit. Les références à la *Somme de théologie* sans autre indication renvoient à *I^a-II^{ae}*.

2. Surtout S. Augustin, *De Sermone Domini in Monte*, I, c.1, PL 34,123 ; S. Ambroise, *Super Lucam*, PL 15, 1649 ; S. Jean Chrysostome, *Homélie sur Matthieu*, 15, PG 57, 223. Le renversement de l'ordre des deuxième (celle des doux) et troisième Béatitudes (celle des affligés) est tributaire de la Vulgate et de plusieurs Pères. A la suite de S. Augustin, Thomas réduit à sept le nombre des Béatitudes : «la huitième Béatitude, explique-t-il, est confirmation et explication de toutes celles qui précédent» (*I^a-II^{ae}* 69, 3, 5 m). La *Catena Aurea in Matthaeum* (1263-68), Marietti 1951, n°s 403-436, permet de situer l'apport de S. Ambroise, de S. Jean Chrysostome et d'autres Pères dont la doctrine, d'une manière implicite ou explicite, influence *I^a-II^{ae}*, 69.

dense, car lourd de l'Esprit Saint lui-même. En régime néo-testamentaire, l'Esprit promeut à la vie en communion avec le Christ qui, avec les Béatitudes, trace discrètement de lui-même pour ainsi dire le portrait. Il fait progresser dans la voie de la véritable fin ultime de la vie humaine[3]. Il inspire les opérations des «bienheureux en espérance», les *beati in spe* (q.5, 7, 3m), qui lui obéissent et les initie à la béatitude[4]. Il les rend conformes à l'ordonnancement de la sagesse de Dieu, *ordo divinae sapientiae* (q.5, 7c), qui a disposé que tout homme parvienne à la félicité par des opérations exercées selon les vertus et les dons infus de la grâce[5]. Cette lecture est inspirée par «l'autorité du Seigneur lui-même, qui les [Béatitudes] a proposées ainsi» (q.69, 4, s.c.) et a connecté de la manière la plus appropriée la vie bienheureuse, les engagements qui «différencient le cheminement humain» et les «récompenses» acquises par les disciples[6].

Les Béatitudes sont les opérations par lesquelles l'Esprit introduit ceux qui, suivant son inspiration pour avancer sous sa conduite dans la «voie» de Jésus, s'établissent en relation personnelle avec le Christ. Elles sont exercées par mode d'activités dans la vie quotidienne à laquelle elles confèrent une unité articulée. La société des fidèles constitue par là un ensemble de personnes distinctes, mais non séparées, car en rapport harmonieux. Aux fidèles, l'Esprit communique de jouir déjà des «prémices» de la béatitude éternelle. Bien qu'au nombre de huit, les Béatitudes sont en parfaite convergence : chacune, tout en restant distincte, peut être analysée dans ses prérogatives, *merita*, et les récompenses, *praemia*, qui lui correspondent. Toutes ensemble valent à chaque vie humaine sa vérité profonde et la façonnent en symphonie avec celle de Dieu et des hommes[7].

---

3. Cf. également *I ᵃ-II ᵃᵉ*, Prol. ; 1,8 fin ; 2, 7 ; 3, 1.

4. Beatitudo est ultimus finis humanae vitae. Dicitur autem aliquis iam finem habere, propter spem finis obtinendi : unde et Philosophus dicit in I *Ethic* c.10, 1100a3-5 ; S. Thomas, *Sent. L. Ethic.*, I, 14, éd. crit. 47 p. 52, 176 s, (Marietti lect. 14, nᵒ 176) quod pueri dicuntur beati propter spem ; et Apostolus dicit (*Rm* 8, 24) spe salvi facti sumus (*I ᵃ-II ᵃᵉ*, 69, 1c).

5. Ex ordine divinae sapientiae [...] homines consequuntur beatitudinem multis motibus operationum qui merita dicuntur. Unde etiam secundum Philosophum, beatitudo est praemium virtuosarum operationum (*I ᵃ-II ᵃᵉ*, 5, 7c). Beatitudines distinguuntur quidem a virtutibus et donis, non sicut habitus ab eis distincti, sed sicut actus distinguuntur ab habitibus (q.69, 1c). Spes de fine consequendo insurgit ex hoc quod aliquis convenienter movetur ad finem, et appropinquat ad ipsum : quod quidem fit per aliquam actionem. Ad finem autem beatitudinis movetur aliquis et appropinquat per operationes virtutum ; et praecipue per operationes donorum, si loquamur de beatitudine aeterna, ad quam ratio non sufficit, sed in eam inducit Spiritus Sanctus ad cuius obedientiam et sequelam per dona perficimur (*I ᵃ-II ᵃᵉ*, 69, 1c).

6. *Mt* 5, 3-10, réparti sur trois colonnes : les personnes, les bienheureux ; les engagements, *merita*, assumés et les dons, *praemia*, par lesquels Dieu parfait leur activité. Les termes *merita-praemia* font écho à la révélation de l'Ancien et du Nouveau Testament. A les négliger, on manque bien des aspects fondamentaux de la vie selon l'Esprit.

7. La question qui introduit la réflexion (q.69, 1) : «Les Béatitudes sont-elles des actes ou des habitus?» serait déroutante pour qui n'en saisirait pas l'intention profonde. A première vue, il pourrait sembler que S. Thomas soit préoccupé uniquement de classification, alors qu'en réalité il nous situe d'emblée dans le jaillissement vital du dessein salutaire selon lequel les Béatitudes sont des «actes», ceux de personnes que

Ce chemin des Béatitudes évangéliques se déploie pour un progrès où le premier degré, la pauvreté en vue du Royaume, abouche déjà à la dernière étape, celle de la paix et de la jouissance de la filiation divine participée (cf. q.69, 3c). Le bonheur que le fidèle ainsi doté et pour autant «bienheureux» expérimente, sans être d'ordre sensible, ne cesse pas cependant de rejaillir sur sa sensibilité. Il est formellement promis à ceux et celles qui, écoutant la Parole, croient au Père (cf. *Jn* 5, 24). Il est personnel à chacun et à chacune : chaque étape de la vie en recueille sa part. Sans abolir les maux de la vie présente (q.69, 2, 2m), il empêche d'y succomber. S'il sépare du monde encore soumis au mal, il fait vivre en roi sur cette terre, car il réfère à des réalités que tous peuvent ressentir intérieurement, mais expérimentées à leur niveau propre : «Ce n'est pas la création comme telle, mais la création restaurée par le Christ, qui fait le bonheur du croyant»[8]. Discernées ainsi, les Béatitudes sont tout autre chose que des qualifications de morale statique. Elles apparaissent bien plutôt comme les fruits les plus parfaits de l'agir humain suscité par la grâce (q.70, 2). Œuvre de ceux qui progressent sur la voie de la communication à la félicité trinitaire, elles confèrent le privilège de dilater toujours davantage l'espérance de la béatitude finale.

Le caractère à la fois «théologique» et «économique» — pour user des catégories familières à la patristique grecque coordonnant les vérités révélées sur la vie intime de Dieu et celles relatives au salut — de la lecture thomasienne des Béatitudes évangéliques doit être souligné, car il manifeste le rapport organique qui unit la révélation de Dieu en Jésus-Christ et l'action de l'Esprit dans le temps actuel de l'Église. Il rend encore raison de l'engagement et des comportements de chacun dans le peuple croyant et atteste que l'aspiration de l'humanité au bonheur trouve confirmation et accomplissement dans la création devenue nouvelle en Jésus-Christ. Pourquoi Dieu a-t-il créé l'homme ? C'est afin, répond S. Irénée, «d'avoir en qui déposer ses bienfaits»[9]. La participation de l'humanité à sa propre béatitude (*I*[a], 26) est bien le but que le Père s'est proposé en l'appelant à l'existence. Tel est le don que le Fils unique apporte à notre monde en s'y incarnant, telle la réalité dans laquelle le Saint-Esprit l'introduit. On pourrait symboliser cette destination providentielle par une courbe parabolique qui, issue de l'infini divin, s'incurve vers notre terre, puis l'entraîne ensuite en sa remontée vers le Père, *ad Patrem*. Semblable illustration ne serait que variation sur le rapport que les Pères de l'Église ont enseigné entre «économie» et parousie.

Chez les fidèles que vivifie la grâce, se lève un dynamisme vital constitué de sagesse et charité (q.68, 1c ; 8c) où il faut identifier la connexion organique entre d'une part les opérations selon les vertus intellectuelles, morales et théologales (q.65), et de l'autre les dons du Saint-Esprit (q.68, 5) qui en assurent la cohérence. Le visage de l'Église se dessine de la

l'Esprit conduit dans la voie vivante qu'est Jésus-Christ (*III*[a], Prol.). Par de tels actes, le fidèle entre dans la vérité profonde de son être créé «dans le Christ Jésus en vue des bonnes œuvres que Dieu a préparées d'avance pour que nous les pratiquions» (*Ep* 2, 10).

8. E. Bonnard, *L'Évangile selon S. Matthieu*, Delachaux 1963, p. 56.
9. *Ad. Haer.* IV, 13, SC 100, p. 539.

sorte avec l'unité de communion qu'inspirent les Béatitudes. Les fidèles qui dans la mesure de leur conversion méritent dès à présent le titre de «bienheureux», *beati*, ne restent pas des isolés : ils sont membres actifs de cet unique Corps du Christ dont l'Esprit Saint assure la cohésion. L'activité humaine qui réalise les Béatitudes établit leur union et, assurant la croissance du corps entier dans la charité (*Ep* 4, 16), les introduit dans la communion de la Trinité Sainte, source et critère de toute relation (cf. *1 Jn* 3, 19-24).

II. Les béatitudes «voie» vers la béatitude (q.6, *Prol*)

1. *Bienheureux*

Ceux que l'Évangile déclare dès à présent «bienheureux» le sont parce que dociles à la grâce et «nés de l'Esprit» qui, alimentant déjà leur expérience de la vie éternelle, active leur marche vers la plénitude promise. Ce même Esprit les incite, *inducit*, à accomplir les actes qui y mènent (q.69, 2c fin). Huit fois répété, huit fois nouveau, ce vocatif de bienheureux évoque d'abord le don reçu et incite à devenir don réciproque par mode d'entrée dans la communion trinitaire. En progressant dans la charité que l'Esprit de Jésus-Christ «répand dans les cœurs» (*Rm* 5, 5 ; q.68, 5), le fidèle passe de l'attachement aux biens terrestres à un engagement pour le Royaume et sa miséricorde, de la revendication égocentrique à l'instauration active de la paix. Il se dispose ainsi à un accueil toujours plus large de Celui qui est Don sans mesure. Si l'espérance venait à faiblir, la marche s'alourdirait, mais à mesure qu'elle s'avive surgissent des élans plus vigoureux et plus féconds.

Les Béatitudes révèlent et affermissent la beauté intérieure de l'âme. Celle-ci, transformée par l'amour, en devient icône du Christ en en reflétant, pour sa propre paix, la pauvreté, la douceur et la miséricorde. Son activité, apparemment tout ordinaire, transcende pourtant l'humain, car elle est orientée vers un sommet humainement inaccessible : l'union de grâce avec Dieu. Son habilitation à une telle vie par les vertus théologales, en lui versant l'avant-goût du vrai bonheur, la rend capable de progresser vers l'union conformante de la gloire. La théologie thomasienne de la grâce (q.69, 2, 1m ; 109-114), par son acception des vertus théologales (*II* ^{a}-*II* ^{ae}, 1-46), détermine en effet le dynamisme vectoriel qui conduit vers la réalité ineffable de cette joie parfaite dont les Béatitudes promettent l'expérience qui, actuellement possible, est déjà «vision», c'est-à-dire intellection de ce qu'est Dieu, certes pour l'heure encore bien imparfaite, mais néanmoins vraiment inchoation de la plénitude qui vaudra la béatitude éternelle.

2. *Les béatitudes, opérations des vertus morales que les dons de l'Esprit perfectionnent*

Les dernières traductions françaises de la *Somme de théologie* situent notre qu.69 dans le traité (q.68 à 70) relatif aux dons du Saint-Esprit, aux Béatitudes et à leurs fruits. Une telle présentation a l'avantage de souligner le rapport des Béatitudes et des dons, mais elle laisse dans l'ombre un aspect essentiel, à savoir, qu'elles sont des opérations. « Les Béatitudes se distinguent des vertus et des dons, non comme des habitus distincts d'eux, mais comme les actes se distinguent des habitus » (q.69, 1). Elles sont des actes accomplis sous l'influx des dons qui parfont « la personne sur tous les points où les vertus (morales) la perfectionnent » (*ibid.* 3m). En elles et par leur intermédiaire, le dynamisme des vertus morales est établi en convergence avec les opérations les plus conformantes au Christ. L'aspect pratique de la théologie des Béatitudes chez Thomas doit être souligné, mais sans le limiter à la seule efficience propre à l'homme et en y discernant l'intervention primordiale de l'Esprit Saint.

Les dons infus d'où dérivent les Béatitudes

dépassent la perfection des vertus (morales) non quant au genre d'œuvre, à la façon dont les conseils dépassent les préceptes, mais quant à la manière d'agir, selon qu'on est mû par un principe plus élevé (q.68, 2, 1m).

Par les dons de l'Esprit, les Béatitudes sont le fruit des vertus théologales « par lesquelles une personne est unie à l'Esprit Saint qui la meut » (q.68, 8). Nul en effet n'est mû par l'Esprit Saint sans lui être uni, et la première union à Dieu s'accomplit par la foi, l'espérance et la charité (q.68, 4, 3m). Les Béatitudes sont ainsi exercice actuel du dynamisme conjoint de la raison et de la grâce de l'Esprit qui, en suscitant « le gémissement de la création » (*Rm* 8, 20), alimente l'espérance de « cette vie bienheureuse qui n'est autre que la vie éternelle » (q.68, 5, 2m).

Cette doctrine de haute théologie permet d'identifier comment les dons de l'Esprit Saint accroissent le dynamisme propre à l'âme en grâce (cf. q.68, 8), à condition toutefois de remarquer qu'ils sont bien plus que de simples qualités ou habitus supplémentaires d'ordre éthique.

L'opération du Saint-Esprit, par lequel il nous meut et nous protège, ne se limite pas, *non circumscribitur*, à l'effet du don habituel qu'il cause en nous. En plus de celui-ci, il nous meut et nous protège de concert avec le Père et le Fils (q.109, 9, 2m).

L'Esprit Saint est en effet « énergie vivante » qui dans l'âme en état de grâce murmure toujours plus clairement : « Viens vers le Père ! » [10] et l'entraîne dans son mouvement divin : « Ceux qui sont mus par l'Esprit Saint, ceux-là sont enfants de Dieu » (*Rm* 8, 14). S. Thomas décrit avec soin le processus qui, conduisant à la pleine conformation au Christ, est à reconnaître dans la libération des obstacles à l'obéissance libre et joyeuse s'épanouissant en la vie filiale (q.68, 3-5). Opérations exercées selon les vertus théologales, en particulier l'espérance, suscitées par les dons infus (q.68, 1), les Béatitudes que ceux-ci rendent effectivement pratiquées désignent des activités éminentes, car partage en acte de ce qui relève de la perfection. « Une chose est parfaite dans la mesure où elle est en acte, car la puissance privée de son acte est imparfaite » (q.3, 2).

Culminant dans l'œuvre de la paix à laquelle revient la « récompense » de la « vision » promise avec le don d'intelligence, les Béatitudes conforment à Dieu en promouvant à cette filiation adoptive qu'assure le don de sagesse infuse (q.69, 3, 1m). « Telle sera la part du vainqueur ; je

---

10. S. Ignace d'Antioche, *Lettre aux Romains.*

serai son Dieu, et lui sera mon fils» (*Ap* 21, 7). L'horizon où se développe la vie des saints et des saintes dès cette terre, notre théologien le décrit de façon plus explicite en son traité sur la charité (*II^a-II^{ae}*, 24, 4-7).

L'activité qui vérifie l'exigence des Béatitudes, tout en étant issue à titre primordial de l'intervention divine, reste pleinement humaine. Prolongeant une tradition déjà antérieure à S. Augustin, S. Thomas recense trois étapes de la vie spirituelle : commencement, progression, perfection. Les débutants ont à passer de la crainte initiale à l'amour (*II^a-II^{ae}*, 19, 2) par une fidèle obéissance aux commandements. «L'Esprit est donné aux progressants, dit Thomas dans son *Commentaire sur Isaïe*, pour façonner leur intelligence [...], fortifier leur volonté [...] et conforter leur agir [...]»[11]. La perfection débute avec la soif qui consumait S. Paul : «Je désire mourir et être avec le Christ» (*Ph* 1, 23 ; *II^a-II^{ae}*, 24, 8s ; 183, 4). Étant toutes dépendantes des dons de l'Esprit Saint, les Béatitudes éclairent ainsi le cheminement des fidèles. Elles soulèvent en eux l'élan de l'espérance qui polarise leur énergie vers la béatitude éternelle et transfigure leurs relations inter-humaines. Sur la route à parcourir, une contemplation animée d'une part de la joie infuse qui est propre à la condition filiale vaut d'expérimenter déjà «les prémices des fruits (de l'Esprit)» (q.69, 2c, fin).

La mission de l'Esprit Saint, dans l'«économie» de la Loi nouvelle (q.106, 1), anime tout le domaine de la grâce et des vertus théologales qui en dérivent et lui sont ordonnées (q.110, 3c, fin). Les dispositions requises pour la grâce et la gloire sont multiples et dérivent tout ensemble de la raison, des vertus morales et des dons infus de l'Esprit. Elles font progresser dans le Royaume dont le baptême inaugure l'entrée. Sur cette voie, les uns sont proches du but, d'autres moins, les uns avancent avec ardeur, d'autres au ralenti. Rappels du but proposé à tous et à toutes, les «hommes accomplis», *viri perfecti*, «ayant progressé [...] dans la foi, se mettent à courir [...] avec une ineffable douceur d'amour»[12]. C'est la charité qui est la source de ces larmes de compassion qui — chez un S. Dominique par exemple — implorent la miséricorde pour les égarés, les attardés et les plus faibles.

Loin de nuire à la liberté active du fidèle, la motion infusée par l'Esprit Saint lui est indispensable pour avancer :

Sans l'impulsion de l'Esprit Saint, la motion de la raison agissant selon qu'elle est imparfaitement formée par les vertus théologales ne suffit pas à l'ordination vers la fin ultime surnaturelle. Selon S. Paul, ceux et celles qui sont mus par l'Esprit sont fils et filles, et donc héritiers/ères de Dieu (*Rm* 8, 14-17). Et le *Psaume* (143, 10) dit : «Que ton Esprit me conduise sur une terre unie». Nul ne peut donc parvenir à hériter de cette terre des bienheureux s'il n'est mû et conduit par l'Esprit Saint. Ainsi, le don de l'Esprit Saint est-il nécessaire à l'homme pour atteindre sa fin (q.68, 2c, fin).

Don de l'Esprit Saint *(donum Sancti Spiritus)* a ici le sens de Donateur des dons, de ce Don qu'est l'Esprit Saint, «Don» étant un nom personnel

---

11. Cf. J.-P. TORRELL et D. BOUTHILLIER, «Quand S. Thomas méditait sur le prophète Isaïe», *Revue Thomiste* 90 (1990) 35-36.

12. S. Benoît, *Règle*, Prologue, 49 ; SC 181, p. 8.

car nom propre du Saint-Esprit (*I ª*, 38, 1, 2m). S. Thomas est donc en mesure d'affirmer pour l'avoir élucidé : « Les œuvres de la personne agissant sous l'influx de l'Esprit Saint sont dites œuvres de l'Esprit Saint plutôt que de la personne même » (q.93, 6, 1m). Un tel influx, l'âme sanctifiée l'expérimente sans préjudice pour sa liberté. Tout au contraire, elle l'entend comme un appel du Saint-Esprit vers la plénitude.

Mais au fait, S. Thomas traite-t-il ici des comportements humains ? N'y est-il pas question plutôt de la mission de l'Esprit Saint ? On devrait l'admettre, si la Loi Nouvelle n'était pas expressément montrée par la *Somme de théologie* résider en cette coopération entre l'Esprit et les fidèles de Jésus-Christ. Il s'agit de l'« économie » que le Nouveau Testament dévoile avec ses perspectives insoupçonnées et exposées avec bonheur par les Pères de l'Église à la suite des auteurs inspirés. Héritant de ce patrimoine, S. Thomas lui a conféré une remarquable élaboration et en a fait un des principaux piliers de sa théologie. Il précise : « L'élément principal de la Loi Nouvelle, ce en quoi réside toute sa vigueur, *potissimum*, c'est la grâce du Saint-Esprit conférée par la foi au Christ » (q.106, 1). L'« économie » de la Loi Nouvelle manifeste la « théologie » (au sens des Pères grecs) qui révèle le dessein intime du Dieu-Trinité de se réconcilier le monde et de se communiquer à lui. De par l'« économie » de leurs missions telles que les entend notre théologien, le Fils et l'Esprit attirent l'humanité pour dès à présent lui donner de participer à la vie divine et font déjà battre les cœurs d'un espoir immense : celui de la victoire prochaine et définitive de la Croix sur le mal.

3. *Les récompenses*

Le caractère le plus remarquable de l'analyse thomasienne des Béatitudes est sans doute l'intérêt porté aux récompenses et à leur explication [13]. Deux des quatre articles de la q.69 les concernent (aa.2 et 4). La générosité du Donateur divin, attestée par la richesse de ses dons, invite dès maintenant celui qui, accablé de tâches multiples, aspire au réconfort d'une joie reposante (cf. *1 P* 1, 6-9). A l'opinion que la vie chrétienne ne serait que chemin de peines et de souffrances, d'avance S. Thomas coupe court en alléguant, comme noté plus haut, « l'autorité du Seigneur » [14].

Le terme de récompense ne doit pas induire d'illusion : il reste ici sous le signe de la grâce prévenante qui constitue l'homme co-auteur, à sa mesure, de son accès au salut. Il ne retire rien de la gratuité radicale de la félicité, mais en marque l'intériorité poussée jusqu'à la conscience d'une appropriation librement accomplie.

L'examen des récompenses, *praemia*, que S. Thomas expose en relation avec les engagements personnels et la mise en convergence qu'il y signale vers la vision bienheureuse, permet d'observer les merveilles accomplies

---

13. Thomas opère un choix de grande portée entre l'opinion d'Ambroise qui renvoie les *praemia* à la vie future, celle d'Augustin qui les rapporte à la vie présente et celle de Jean Chrysostome qui distingue les *praemia* de la vie présente et ceux de la vie future. La *Somme de théologie* attribue l'inchoation de la béatitude à la vie présente et la félicité parfaite à l'état futur (q.69, 2c). Cf. l'article d'E.-H. Wéber, qui suit le présent article.

14. Voir ci-dessus à l'appel de note 6.

au bénéfice de l'humanité par le Christ et par l'Esprit qu'il répand. «Que tes œuvres sont donc nombreuses, Seigneur! Toutes, tu les fis avec sagesse» (*Ps* 104, 24). Comme les couleurs du prisme qui chantent le rayon de soleil, les Béatitudes suscitent chez le croyant joie et admiration.

La récompense promise par les cinq premières Béatitudes exalte le dynamisme de la vie active après l'avoir libéré des fausses orientations du désir. Bienheureux sont les pauvres que le Christ dote de la richesse et l'excellence de son Royaume; heureux les doux auxquels il accorde la possession assurée de la Terre de la Promesse des biens éternels; les affligés dont le Consolateur essuie les larmes (q.69, 2, 3m); bienheureux ceux et celles qui ont faim et soif de la justice du Royaume et qui, oublieux d'eux-mêmes et de leurs propres attentes, compatissent activement à la peine d'autrui.

Les dons de l'Esprit relatifs aux béatitudes exercées au bénéfice du prochain sont compris chez Thomas comme préparant à ceux, d'ordre éminent, qui se rapportent à la contemplation de Dieu se révélant en son mystère même. La pureté du regard que vaut le don infus d'intelligence permet au croyant d'entrevoir que déjà Dieu se donne lui-même, ce qui touche au terme du cheminement.

Ce qui relève de la vie contemplative constitue soit la béatitude ultime, soit en est une inchoation. Aussi cela est-il proposé par les Béatitudes, non comme action (seulement) méritante, mais comme récompense. Le mérite est effet de la vie active qui dispose l'homme à la vie contemplative (a.3c).

Celui qui s'établit dans la paix et devient pour autrui artisan de paix est apte à entendre comment Dieu est en lui-même concorde et paix et source d'unité et de concorde pour tous et d'abord pour lui-même. La gloire de la filiation divine se laisse apercevoir moyennant le don infus de sagesse qui, conférant de communier à la Sagesse révélée, y reconnaît la plénitude consommée (*ibid.* a.4c, fin).

Toutes ces récompenses ne sont en réalité qu'une seule chose: union avec Dieu, commencement de cette béatitude éternelle qui, inaccessible à l'intelligence humaine, devait être décrite à partir des biens connus et en harmonie avec les mérites correspondants (*ibid.*, 4, 1m).

Cette sentence l'atteste, l'attribution de tel don ou de telle récompense à telle Béatitude, ainsi le don de crainte à la Béatitude de la pauvreté, doit s'entendre dans une optique de convergence dans l'unité. Après avoir associé la Béatitude des affamés de justice au don de piété (q.69, 3, 3m), Thomas rattache encore ce même don à la Béatitude des doux (*II*^{a}-*II*^{ae}, 121, 2), tandis qu'à celle des affamés de justice il rapporte le don de force (*ibid.*, 139, 1). Cette vue synthétique est d'importance: elle permet de saisir le mode de convenance *(convenientia)* qui relie mérites, Béatitudes et récompenses (*I*^{a}-*II*^{ae}, 69, 3-4). La vérité inspiratrice, ici, est relative à la disposition prévue dans «l'ordre de la Sagesse divine» (q.5, 7) qui prévoit que chacun est artisan de sa propre béatitude sous la conduite de l'Esprit unissant tous et toutes dans l'unique Corps du Christ.

Ainsi pour Thomas, la béatitude éternelle pénètre déjà le cours de l'histoire présente des hommes. Elle anime leur dynamisme en ordonnant à la charité leur inclination naturelle à s'accomplir *(ibid.)*. Le Seigneur n'attend pas ses élus de façon passive : le mouvement de la rencontre le trouve éminemment actif. Chez le fidèle en marche vers Lui, qui est descendu vers nous, se diffuse le parfum des Béatitudes qui fait déceler sa proximité et sa venue pour nous combler. Les dons de l'Esprit révèlent qui nous sommes pour Lui et ce qu'Il est pour nous : le Seul capable de combler ce gouffre de bonheur qu'est le cœur humain. Ils font comprendre que chaque nouveau pas effectué en sa direction est déjà don de sa grâce. La nostalgie de la vision bienheureuse qu'il suggère engage à une docilité plus prompte à l'Esprit Saint, l'exemple des saints en témoigne :

Mon désir terrestre a été crucifié, et il n'y a plus en moi de feu pour aimer la matière mais une eau vive qui murmure et dit au-dedans de moi : « Viens vers le Père ! »[15].

Un tel désir et les actes qu'il porte à accomplir sont le produit de l'Esprit Saint plus encore que de l'âme agissant sous sa mouvance : « Toi, devenu toi-même en moi Désir qui me fait te désirer [...], je te rends grâce d'être devenu un esprit avec moi »[16] (cf. q.93, 6, 1m). Relatant son dernier colloque avec sa mère, S. Augustin décrit l'âme ainsi transformée :

Pénétrant toujours plus avant dans les profondeurs de la Demeure, elle s'y remplit de lumière. Elle aimerait y fixer son séjour sans que les occupations quotidiennes réussissent à l'en arracher[17].

On récapitule la conception que Thomas enseigne concernant les récompenses promises aux activités des Béatitudes :

Dons (dona)	Activités (merita)	Récompenses (praemia)
1. Détachement de ce qui ne conduit pas à la félicité véritable		
	Bienheureux...	
Crainte	... les pauvres en esprit qui, renonçant aux biens extérieurs et aux honneurs, sont humbles	Royaume des cieux
Force	... les doux qui, conformément à la volonté de Dieu, deviennent tout à fait tranquilles à l'égard des passions de l'irascible.	Possession de la Terre Promise
Science	... les affligés, qui détachés des passions, appellent la fin du règne du mal	Consolation divine

15. Ignace d'Antioche, *Lettres*, SC 10, *Aux Romains*, VII, 2, 135-137.
16. Syméon le Nouveau Théologien, *Hymne*, SC 156, 151-153.
17. Augustin d'Hippone, *Confessions*, IX, c. 10 ; CSEL 33, p. 215-219.

2. *Les Béatitudes de la vie active œuvrant pour le prochain*

Piété	…les affamés et assoiffés de justice, qui accomplissent les œuvres de justice avec ardeur	Rassasiement
Conseil	…les miséricordieux qui, par révérence envers le Dieu de miséricorde, exercent leurs bienfaits gratuitement	Royaume des cieux

3. *Béatitudes de la vie active qui disposent à la vie contemplative*

		Béatitudes de la vie contemplative
Intelligence	…les cœurs purs, qui imitent la transparence divine	«Vision» inchoative («viatique») de Dieu
Sagesse	…les artisans de paix, qui suscitent respect et entente	Gloire de la filiation divine participée

III. Les choix théologiques

1. *L'obéissance à l'Esprit Saint: le statut chrétien de la vie morale*

La lecture thomasienne des Béatitudes repose sur la doctrine scripturaire et patristique des missions divines (*I ͣ*, 43). D'origine éternelle, le Verbe et le Saint-Esprit sont envoyés conjointement par le Père pour opérer l'accomplissement de l'«économie» divine : «Dieu tout en tous» (*1 Co* 15, 28).

L'enseignement de S. Thomas [...] est entièrement centré sur la compénétration du monde de l'homme par la pensée et l'amour qui, développés en Dieu sur le mode de procession des Personnes, se prolongent jusque dans la vie et le destin de l'homme pour son salut [18].

C'est en effet avec la mission visible du Verbe s'étendant à celle de l'Esprit Saint que se réalise la bienheureuse «plénitude des temps» (*Ga* 4, 4). Ces actuelles interventions salvifiques de Dieu en son «économie», les Pères et notamment S. Augustin les désignent par les termes de l'Écriture d'«envoi», de «mission» des Personnes divines en l'âme dotée de la grâce. Relevant du cœur même de la Révélation, cette doctrine est soigneusement développée par S. Thomas. Il est à regretter que les théologiens postérieurs ne l'aient pas guère suivi sur cette voie.

Pour avoir négligé ou méconnu cette doctrine pourtant fondamentale, la doctrine scolastique tardive — qui a jusqu'ici trop pesé sur la lecture des textes de S. Thomas — a instauré un hiatus pernicieux entre [...] la vie interne de Dieu selon la Bible d'une part et de l'autre l'avènement du salut culminant dans le fait du Christ [19].

Fidèle à sa mission de théologien œuvrant en accord avec la grande tradition théologique, S. Thomas installe le thème des missions propres

---

18. E.-H. Wéber, *Le Christ selon S. Thomas d'Aquin*, Paris 1988, p. 80.
19. E.-H. Wéber, *ibid.*

aux Personnes divines en l'âme au faîte de sa théologie de la grâce. Il situe en ces vérités révélées la source de l'élan humain vers la plénitude. Montrant que l'homme en est orienté avec sûreté vers la béatitude ultime, il y voit le principe de la liberté véritable qui n'existe qu'à l'endroit de ce qui est absolument désirable et aimable. La vérité de la vie humaine en effet ne se réalise pleinement qu'en se modelant en conformité avec la vérité de source : la Révélation qui ouvre à l'homme l'horizon ultime où il trouve sa destination au bonheur parfait.

Ainsi déployée en référence constante à la Parole de Dieu en vue de s'y unir, la théologie de S. Thomas, parce que focalisée sur un tel but, fait très grand cas des Béatitudes. Elle manifeste que le Christ nous ayant ouvert, par son mystère pascal, le chemin de la béatitude éternelle, éclaire et oriente le cheminement de chacun des élus. Elle souligne ainsi que le Verbe incarné, qui a inauguré la plénitude des temps (*Mc* 1, 15), n'abolit nullement le mouvement du temps puisqu'il lui confère son vrai sens en aiguillant l'histoire de chaque personne et de tous les peuples vers l'accomplissement de la Parousie. Ainsi reconnue l'acception chez notre docteur des Béatitudes et sa fonction dans son parti architectural, la théologie thomasienne, loin de rendre inutile l'activité humaine, la montre suscitée par la promesse de participer à la béatitude propre à Dieu.

Le mystère pascal du Verbe incarné s'achèvera par la restauration totale de l'humanité au sein d'une création que renouvellent les Personnes divines en leur présence de grâce. Les missions inséparables mais distinctes du Verbe et de l'Esprit en l'âme s'effectuent en faveur des enfants que le Père engendre en son Fils unique. L'Esprit d'adoption les unit au Christ qui leur communique sa propre vie (*Jn* 15, 5) et sa propre gloire (*Jn* 17, 22). Avec ses dons, le Donateur divin, l'Esprit Saint, s'unit lui-même à l'âme humaine qui « participe, selon une certaine similitude, de la nature divine » (q.110, 4 ; cf. *2 P* 1, 4). Il y suscite un amour de réciprocité pour Dieu qui se constitue présent au plus profond d'elle-même, là où il réside désormais « comme dans son Temple » (I ^{a}, 43, 3).

En distinguant, sans négliger leur coordination, le don créé de la grâce et le Donateur divin, S. Thomas corrige le Maître des *Sentences* qui, pour exalter le don de l'Esprit, identifie absolument la charité de l'âme en grâce avec la Personne même de l'Esprit Saint en écrivant :

L'Esprit Saint lui-même est cet amour et cette charité grâce auxquels nous aimons Dieu et notre prochain. [...] L'amour de Dieu est dit « répandu en nos cœurs » : il s'agit non seulement de cet amour par lequel Dieu nous aime, mais encore de celui par lequel il nous fait aimer. [...] Par ces termes, on ne sépare pas et on manifeste que ne sont pas séparés l'amour dont Dieu aime de l'amour dont nous aimons [20].

Tentant d'exprimer la prévenance divine, cette identification hâtive, maladroite même car laissée sans les précisions indispensables, recèle l'essentiel des plus fortes difficultés en théologie de la grâce.

---

20. P. Lombard, *I Sent.* d.17, c.1 § 2 et c.6 § 4, Grottaferrata-Roma I/2, p. 142 et p. 149.

Un vaste débat sur ce point précis s'est élevé au XIIIᵉ siècle chez les maîtres parisiens qui se sont mis d'accord pour rejeter cette opinion du Maître des *Sentences*. Leur motivation principale réside dans le fait que si seul un don de nature strictement divin permet l'exercice de la charité, l'âme du juste et celle de l'impie ne diffèrent en rien [21].

A son tour, S. Thomas ressent la pertinence de ce motif et en discerne les ultimes conséquences. Il explique :

> Si l'acte de charité chez la personne humaine ne procède pas d'un habitus intérieur surajouté à la puissance naturelle, mais du (seul) Saint-Esprit, nous nous trouvons placés face à une double option : ou bien l'acte de charité n'est pas volontaire, ce qui est impossible parce que le fait même d'aimer est un certain vouloir, ou bien il n'excède pas la faculté de la nature, ce qui est hérétique. [...] Il est donc nécessaire qu'il y ait en nous un certain habitus créé de charité, habitus qui soit principe formel de notre acte de dilection. Mais cette nécessité n'exclut nullement que l'Esprit Saint, qui est charité incréée, se rende présent chez l'homme doté de la charité créée pour y mouvoir l'âme à l'acte d'aimer, à la façon dont Dieu meut tout agent (créé) à cette opération à laquelle l'incline (déjà) sa forme [22].

Notre théologien adopte ici une acception cumulative : habitus créé et présence effective de la Personne divine dans l'âme. Cette acception est centrale dans son enseignement sur les missions du Verbe et l'Esprit. Elle fonde notamment le rapport organique entre les dons du Saint-Esprit et l'activité des Béatitudes et éclaire la liberté du cheminement du fidèle vers le Père sous la mouvance du Christ et de l'Esprit ; la grâce étant, il faut le redire, le principe le plus décisif puisqu'il est le plus dynamisant, *potissimum*, de la Nouvelle Alliance, notre théologien distingue avec soin dans l'âme chrétienne l'être de nature et l'être de grâce. Plusieurs textes pourraient être allégués sur ce point, mais il suffira d'un bref extrait de son commentaire sur la *Lettre aux Éphésiens* :

> Au sujet de la grâce, deux remarques s'imposent : 1° sa présence ne relève ni de la nature ni des ressources humaines, mais d'un don de Dieu. « Nous sommes son ouvrage », car tout ce qu'il y a de bon en nous ne provient pas de notre fond mais est accompli par Dieu [...] ; 2° il faut ajouter que la grâce ne dépend pas non plus d'œuvres antérieures, la suite du verset cité plus haut l'affirme « créés ». [...] Cette création, à savoir cette création de la justice (du Royaume de Dieu), s'accomplit par la puissance du Christ qui communique l'Esprit Saint. D'où la suite : « créés dans le Christ Jésus », c'est-à-dire par le Christ Jésus [23].

On remarquera la fonction primordiale du Verbe divin en mission dans l'âme de pair avec celle de l'Esprit Saint. L'incorporation des fils et filles d'adoption en Celui qui est le Fils par nature, en d'autres termes la Création Nouvelle tournée vers le Père, tel est le point culminant de l'œuvre créatrice en son instance ultime du salut. Le Corps du Christ est le lieu et le moment d'accès à Dieu et à l'accomplissement promis pour toute l'humanité. Celle-ci bénéficie désormais du rayonnement de la grâce de

---

21. E.-H. Wéber, *ibid.*, p. 81.
22. *Q. Disp. de Caritate*, a.1c.
23. *In Eph.* c.2, lect.3, nᵒˢ 98-99, Marietti 1953, II, p. 26.

l'Unique Médiateur entre Dieu et les hommes et dispensateur de l'Esprit Saint qui rassemble, vivifie les hommes réconciliés avec le Père en les conformant à Lui jusqu'en sa félicité.

L'Esprit, qui oriente toutes choses vers la plénitude du Christ, hâte ainsi l'accomplissement de tout. Le rapport personnel de chaque membre de son Corps mystique en promotion à son achèvement avec l'humanité glorifiée du Verbe incarné ne peut que stimuler la rencontre des peuples et des cultures et ouvrir ainsi la vie croyante à des dimensions universelles. Car unique est la fin ultime de la création et de l'humanité, et cette fin, déjà atteinte dans le Christ, engendre chez les humains l'aspiration à la béatitude promise. Animant le désir que celle-ci soit parfaite, la présence de l'Esprit Saint conjure les dérives idolâtriques ou égoïstes voire naturalistes, la destinée de l'homme et à plus forte raison du chrétien n'étant pas de réaliser seulement des potentialités purement humaines. Le vœu de la félicité en sa plénitude est assumé et alimenté par l'espérance qu'elle s'accomplira dans «la Cité [...] dont Dieu lui-même est l'architecte et le constructeur» (He 11, 10). La citoyenneté en est offerte à tous et à toutes. L'entraide fraternelle et la communion spirituelle coopèrent à l'avènement du Salut, cette merveille «qui fascine le regard des anges» (1 P 1, 12), ainsi que l'expose un auteur contemporain :

Toute la vie spirituelle et toute la révélation de Dieu se situent précisément dans cette marche infinie, dans cet univers qui n'est pas encore, et qui doit être, que nous avons à susciter, à créer en nous créant nous-mêmes [...] Mais comment pouvons-nous naître de nouveau ? Il n'y a qu'une seule possibilité, qui est le secret le plus profond de l'Évangile. Il s'agit de la plénitude de la vie, de la joie infinie, d'une liberté enfin reconnue, celle qui fait justement de notre puissance de choisir le pouvoir de nous donner, de tout donner en nous donnant [...]. Le sens de la liberté c'est de faire de tout nous-mêmes un don [...], de se ramasser tout entier et de faire de tout soi-même un élan d'amour. Alors il n'y a rien en soi qui ne soit de soi, qui ne jaillisse précisément dans un consentement libérateur en face de cet autre dans lequel on devient soi [24].

2. La béatitude qui rend conforme à Dieu consiste en une activité

L'acception dynamique de la théologie thomasienne culmine ainsi dans le thème de participation au bonheur de la vie trinitaire de Dieu. Ce partage sublime, assuré par la puissance vivifiante même des Personnes divines en leur présence de grâce, s'inaugure avec les missions divines assurant la promotion du fidèle au Royaume moyennant l'entrée dans la vie selon les Béatitudes.

Comme la substance de Dieu s'identifie à son action, la suprême ressemblance de la personne avec Dieu se réalise dans l'action. De là vient, comme nous l'avons dit antérieurement (q.3, 2), que la félicité ou béatitude par laquelle l'homme atteint le suprême degré de conformité à Dieu est la fin de la vie humaine et consiste en une activité (q.55, 2, 3m).

Dieu étant Acte pur, l'homme actualisera ses potentialités les plus éminentes et en particulier la relation qui le réfère à son origine et à sa fin —

___

24. F. de GUERAND, A l'écoute du silence. Textes de Maurice Zundel, Paris 1979, p. 83s.

«Tu nous as faits pour Toi, Seigneur, ... [25]» — dans une union de connaissance et d'amour avec Celui qui est Lumière et Amour (*1 Jn* 1,5 ; 4,8) dans la vision bienheureuse de Dieu. De même que la vie des bienheureux s'accomplit dans l'acte de la vision de Dieu (q.3), l'union de grâce avec Dieu rayonne dès ici-bas en de multiples opérations qui habilitent aux récompenses promises. Chacun de nos actes humains bons du point de vue moral marque un pas dans la voie royale qui y mène. Toute la *Deuxième Partie* de la *Somme de théologie* se réfère à l'attrait que Dieu exerce sur sa créature humaine qui, douée d'intelligence et libre principe de ses propres actes, est image de Lui-même (*I a-II ae*, Prol).

Le rapport des Béatitudes et des opérations exercées par l'homme échappe si l'on néglige la doctrine thomasienne de l'agir humain en son assistance par la grâce. «A la vie éternelle nous sommes introduits par l'Esprit Saint de Dieu, parce que la raison ne suffit pas pour nous y orienter» (q.69, 1c). La béatitude de qualité ultime, y compris en cette modeste part qui, déjà pour l'heure, nous est accessible du fait des dons de l'Esprit, est ainsi activité produite par un double sujet : Celui qui, Créateur et Sauveur, attire à Lui et parfait, d'une part, et, de l'autre, celui qui, créé et invité, consent activement à l'attrait intime vers la plénitude promise. Il y a ici double sujet et non pas deux sujets-agents juxtaposés, car leur union fructifie en un dynamisme fécond qui est à la fois complexe et un.

On peut envisager une quadruple bonté de l'action humaine. D'abord une bonté (morale) générique, qui lui convient en tant qu'action [...], une bonté spécifique qui résulte de l'objet approprié [...], une bonté qui résulte des circonstances qui sont comme des accidents de l'acte [...], une bonté qui résulte de la fin comme de son rapport avec la cause de la bonté (q.18, 4c, fin).

L'action bonne est en relation à une rétribution non seulement auprès des humains mais aussi devant Dieu [...], sinon il faudrait conclure que Dieu se désintéresse des actions humaines (q.21, 4c, fin).

Tout ce que la personne est, tout ce qu'elle a, tout ce qu'elle peut, elle doit l'ordonner à Dieu : c'est pourquoi tout acte humain bon [...] a un mérite [...] devant Dieu, pour autant qu'il réalise la notion d'acte (q.21, 4,3m).

3. *Les béatitudes, clé de voûte de la dispensation du salut*

Bien que la *Somme de théologie* de S. Thomas soit une «symphonie inachevée» à laquelle manque l'accord final, à savoir le traité des fins dernières, il est possible d'en dégager le mouvement inspirateur. Elle expose en de soigneux développements que le dynamisme rayonnant en l'âme du fait des missions conjointes de Jésus-Christ et du Saint-Esprit prolonge celui des relations intratrinitaires, ce qui constitue un approfondissement fidèle à la «théologie» selon les Pères grecs. Elle en rend raison en y désignant cette puissance éternelle de Salut que le Père, en son «économie salutaire», déploie, par le Fils et dans l'Esprit, pour rassembler en ce même Fils, «voie de vérité pour parvenir à la béatitude éternelle» (*III a*, Prol), tous ses fils et toutes ses filles ses élus. Ceux-ci sont invités à participer à la béatitude suprême, la prière du Fils l'affirme : «Moi en eux

---

25. S. Augustin, *Confessions*, I, 1, BA 13, p. 272.

et toi en moi parfaitement un [...], qu'ils contemplent la gloire que tu m'as donnée [...], que l'amour dont tu m'as aimé soit en eux» (*Jn* 17, 23-24 et 26).

Si donc la finale de la *Somme de théologie* n'a pu être rédigée, du moins les thèmes majeurs qui la préparent ont été clairement exposés, notamment par la *I*^{a}-*II*^{ae}. Le traité de la béatitude (q.1-5), qui s'ouvre avec le thème du désir universel du bonheur, précise qu'il ne sera comblé que par la vision de l'essence divine dans l'humanité glorifiée en Jésus-Christ. L'interprétation thomasienne des Béatitudes assume cette aspiration universelle et décrit les conditions de sa réussite. L'actualisation en cours par chacun des fidèles de l'offre évangélique — on est loin des «recettes» d'un bonheur facile — enrichit dès aujourd'hui la vie de chacun et du Peuple de Dieu en marche. Ainsi entendues, les Béatitudes du Sermon sur la Montagne, qui résument toutes celles de la Bible (q.69,3, 4m), permettent de discerner la dense réalité de notre adoption dans le Fils et par l'Esprit. Déjà «nous sommes enfants de Dieu» (*1 Jn* 3,2), telle est la magnificence des promesses du Père qui ont leur «oui» en son Fils (*2 Co* 1, 20).

La mission invisible de l'Esprit Saint dans l'âme et les dons qu'il lui octroie sont au principe de l'étape ultime de la béatitude consommée comme ils sont déjà à l'origine de la conversion à la vie selon les Béatitudes qui fait d'elle un être nouveau. La fin qu'est la béatitude consommée, «dernière dans l'ordre de l'exécution» reste «première dans celui de l'intention» (*I*^{a}, 12, Prol). Par sa docilité à l'Esprit Saint, l'homme trouve le véritable sens de son activité moralement bonne. Le début de la *Somme de théologie*, après avoir, autant que possible, «considéré comment Dieu est en lui-même», expose «comment il est connu par la créature» (*I*^{a}, 12, Prol). Cette difficile Qu. 12, qui éclaire de quelque manière l'activité suprême de la vision bienheureuse, authentifie le désir qu'alimente l'Esprit d'y parvenir moyennant le don de Dieu et confirme cette soif de Dieu dont les Béatitudes proposent la promesse formelle d'être étanchée.

L'intellect qui participera davantage à la lumière de gloire est celui qui verra Dieu plus parfaitement. Et celui qui participera le plus à la lumière de gloire est celui qui a le plus de charité ; car plus grande est la charité, plus grand est le désir, et le désir rend d'une certaine manière l'être qui désire apte et tout prêt à recevoir l'objet désiré. Ainsi, celui qui aura plus de charité verra Dieu plus parfaitement, et il sera plus heureux, *beatior erit* (*I*^{a}, 12, 6, fin).

Conclusion

La principale difficulté pour saisir la richesse de la théologie thomasienne des Béatitudes réside dans le vecteur qui la véhicule, le texte qui l'exprime. L'exposé d'un théologien reste plat et muet si on l'aborde sans tenir compte de sa dépendance de l'expérience spirituelle qui en est l'origine. Rejoint-on celle-ci, de nouvelles dimensions de la vérité se font jour. La syntonie avec la pensée de S. Thomas est fruit d'un apprivoisement qui suppose avant tout une écoute comparable à la sienne de la Parole de Dieu, l'acception exigeante qu'il s'est élaborée de l'histoire du salut et de la mission du théologien en familiarité avec les Pères jusqu'en ses choix de méthode théologique.

La doctrine thomasienne des Béatitudes évangéliques postule donc que l'on rejoigne jusqu'à la source de ses énoncés pour atteindre la vérité dont elle témoigne. «La science même de Dieu et des bienheureux, telle est la science supérieure d'où procède la théologie» (I^a, 9, 2), laquelle n'en procède que pour ramener à elle. C'est bien cette optique qui commande notre Qu.69 où il s'agit de la libération radicale de l'humain dans le Royaume de Dieu. Un vrai théologien — qui peut douter que Thomas en soit un ? — se doit d'être de ceux qui ont «pénétré dans les mystères divins» (Ps 73, 17). Il lui faut ressembler à cet Hiérothée évoqué au début de la *Somme de théologie* (I^a, 1, 6, 3m) en étant également *patiens divina*, expert de par une expérience personnelle des réalités divines révélées.

Cette dimension «subjective» de la théologie thomasienne, le langage ne l'exprime pas immédiatement, mais elle reste discernable car elle irrigue le sens des exposés qu'elle a créés pour se conquérir : «le langage achève l'expérience» (J. Ladrière). En souhaite-t-on l'avertissement, on le trouvera dans la mission que S. Thomas, frère Prêcheur, s'est reconnue : *contemplata aliis tradere*. Tels sont les *a priori* de notre brève Question sur les Béatitudes. Typique de la méthode théologique thomasienne, elle synthétise une dense doctrine spirituelle car toute référée à l'œuvre du Saint-Esprit. Son texte se veut au service de la réalité qu'il contemple : le Royaume dont nous détenons déjà, en bonne et due forme, la glorieuse citoyenneté (*Ph* 3, 20).

Université de Saint-Thomas-d'Aquin
Largo Angelicum, 1 I-00184 Roma

Résumé de l'Article. — Les Béatitudes et la béatitude. Le dynamisme de la *Somme de théologie* de Thomas d'Aquin : une lecture de la I^a-II^{ae} q.69. Par Dalmazio Mongillo.

La théologie de la béatitude ultime est chez Thomas d'Aquin en connexion vitale avec les Béatitudes évangéliques, comme l'atteste la Somme de théologie I^a-II^{ae} q.69. *Le rapport de chacune des Béatitudes de* Matthieu *avec les diverses opérations de la vie humaine oriente celle-ci vers le partage par grâce de la vie divine intratrinitaire dont la jouissance plénière est promise pour l'étape eschatologique. Dès maintenant, la jouissance des fruits du Saint-Esprit qui sont les «récompenses» affirmées par les Béatitudes assure un bonheur inchoatif à la progression du fidèle en ses démarches concrètes. Cet avant-goût de la béatitude parfaite espérée vérifie déjà le caractère opératif de celle-ci. La méthode théologique de Thomas d'Aquin coordonne ainsi avec une cohérence harmonieuse les dimensions «économique» et «théologique» du salut familières aux Pères grecs.*

Summary — The Beatitudes and beatitude. The dynamisme of the *Summa Theologica* of Thomas Aquinas: a reading of I^a-II^{ae} q.69. By Dalmazio Mongillo.

The theology of ultimate beatitude has, in the writings of Thomas Aquinas, a vital connection with the evangelical Beatitudes, as is shown in the Summa Theologica I^a-II^{ae} q.69. *The relation of each of Matthew's Beatitudes to the diverse operations of human life directs the latter towards sharing, by grace, in the divine life of the Trinity, the full enjoyment of which is promised for the eschatological stage. Already now the enjoyment of the fruits of the Holy Spirit, which are the "recompenses" affirmed by the Beatitudes, assures an inchoate happiness to the believer in pursuing his concrete aims. This foretaste of the perfect beatitude one hopes to attain, already verifies its operative character. The theological method of Thomas Aquinas thus coordinates, with harmonious coherence, the "economic" and "theological" dimensions of salvation well known to the Greek Fathers.*

Rev. Sc. ph. th. 78 (1994) 389-413

LE BONHEUR DÈS À PRÉSENT, FONDEMENT DE L'ÉTHIQUE SELON THOMAS D'AQUIN

par Edouard-Henri Wéber *

Le bonheur est une question permanente qui préside à toute la vie de l'homme. Le désir qui y tend constitue, selon Thomas d'Aquin, le moteur de toutes les activités intelligentes et volontaires, les seules qui soient formellement humaines. La félicité est en effet la fin du sujet intelligent et de lui seul [1].

À la différence de l'opinion mêlée de platonisme vulgaire qui réserve pour l'au-delà la félicité, celle-ci est pour notre théologien une réalité expérimentable à titre inchoatif dès à présent. En sa plénitude absolue, elle est certes à espérer pour l'eschatologie, mais elle peut d'ores et déjà être, par mode d'avant-goût, pour une part, expérience actuelle : «La (notion de) béatitude se dit en deux sens : l'un désigne la béatitude imparfaite en notre présente vie ; l'autre la béatitude parfaite, qui consiste en la vision [intellective] de Dieu [tel qu'il est] [2].» En sa vaste *Deuxième Partie* de la *Somme de théologie*, Thomas coordonne ces deux étapes de l'unique félicité parfaite et les montre en continuité organique : la première, au titre d'inchoation, et la seconde qui, plénière au terme de la progression, rend raison de la première, comme la destination d'un trajet en justifie l'itinéraire.

Le bonheur véritable est dès aujourd'hui accessible à l'homme, dans la mesure où celui-ci s'éveille à la tâche de conduire sa vie selon le bien et de s'y engager. Unique but de l'agir humain, il est le fondement de toute l'éthique. Cet eudémonisme, Thomas le partage avec Aristote en son *Éthique à Nicomaque* et aussi avec Augustin, qui toutefois l'entend assorti d'un spiritualisme platonisant qui ne lui est pas essentiel. Développant le

---

* Un aperçu condensé de cette étude a été proposé lors d'une conférence donnée à l'Institut Catholique de Paris le 15 octobre 1993.

1. *Script. in Sent.*, I d. 38 q. 1 a. 2 ad 1 : *beatitudo est [...] finis rationalis creaturae.*
2. *Somme de théologie* (désormais *S. Th.*), I-II q. 4 a. 5 Resp. ; q. 3 a. 6 Resp. ; etc.

legs aristotélicien en soulignant vigoureusement l'intériorité intellective et volitive du bonheur et de son accès, il écrit :

«Le caractère moral bon ou mauvais des actions se prend par rapport à la raison (intellective). [...] Est (moralement) bon pour chaque sujet ce qui est en accord avec lui en sa forme (essentielle), et ce qui n'est pas en rapport avec celle-ci est (moralement) mauvais[3].»

Comme on le notera plus loin, la forme essentielle de l'homme ici déterminée comme partie intégrante du critère moral, Thomas la désigne en l'intelligence qui seule peut discerner ce qui est en accord avec elle et juger de sa valeur de bien à librement rechercher et acquérir. Ce n'est pas que la référence exclusive au sujet agent suffise à déterminer le bien ou le mal, car le bien du bonheur est but ou fin extrinsèque à toute créature. Le caractère moralement bon ou mauvais de tout agir se prend de la fin que poursuit l'agent, et en référence à laquelle il estime trouver, parce que cette fin est en accord avec sa nature essentielle, ce repos complaisant du vouloir qui est fruit de l'accès à ce qui est fin parce que jugé bon[4].

La continuité qui va du bonheur possible aujourd'hui avec celui, plénier, dont traite la théologie révélée sous-tend toute la morale du maître médiéval. Cette éthique se développe dans une optique principalement théologique, mais elle est dotée de raisons philosophiques dont on relève les traits décisifs pour notre sujet avant d'en examiner les principales dimensions théologiques.

I. L'ÉTHIQUE ET LE BONHEUR

1. Nécessité du bonheur dès à présent

L'acception thomasienne du bonheur, dont une anticipation est dès maintenant accessible, présente un caractère existentiel de grand intérêt. L'optimisme réaliste qui l'anime est fruit d'une haute idée de l'homme et d'une conception équilibrée de sa nature. Il est assurément favorisé par celui que le théologien recueille de la promesse biblique d'un triomphe définitif sur le mal tant physique que moral. Conscient de la nature dramatique de cette victoire qui ne sera pleinement acquise qu'au terme de la progression de l'homme aussi bien individuel que social, Thomas établit l'éthique nouvelle qu'il propose sur des arguments rationnels d'autant plus soignés qu'ils sont ceux-là mêmes qui en théologie éclairent les exigences du salut selon la Bible. Le désir universel de la félicité, autrement dit la soif d'exister pleinement et dans la mesure du possible sans tarder, est naturel à l'homme car inculqué par le Créateur : «Toute inclination naturelle ou volontaire est imprimée par le Premier Principe qui

---

3. *Ibid.*, I-II q. 18 a. 5 Resp. (avec appui sur Denys, *De Div. Nom.* c.4) : *In actibus autem bonum et malum dicitur per comparationem ad rationem [...]. Unicuique enim rei est bonum quod convenit ei secundum suam formam, et malum quod est ei praeter ordinem suae formae.* Voir encore q. 34 a. 1 ad 1.
4. *Ibid.*, I-II q. 34 a. 4 Resp. ; q. 19 a. 1 ; etc.

meut, [...] Dieu, (qui) 'ménage toutes choses avec douceur' (*Sagesse* 8, 1)[5].»

La part présente du bonheur que chacun recherche actuellement donne son sens à son espérance du bonheur eschatologique promis par l'Écriture et aux démarches qu'elle invite à accomplir. Cette heureuse anticipation qui, si modeste soit-elle, est dès maintenant expérimentable, Thomas en rend raison à l'aide d'arguments choisis à la fois de portée philosophique et de visée théologique. C'est jusqu'en domaine moral que vaut sa réplique à des contemporains lui faisant grief de couper d'eau philosophique le vin de la Révélation : une fois engagées au service d'un exposé théologique, les raisons philosophiques prennent valeur et sens qui vérifient, comme à Cana, l'heureuse mutation de l'eau en vin de qualité[6].

L'originalité de l'éthique thomasienne éclate lorsqu'on la compare à celle de ses contemporains. Ceux-ci, avec le manuel des *Sentences* de Pierre Lombard qui leur sert d'appui, réservent la béatitude pour l'audelà en l'étudiant à la fin du *cursus* de l'étude universitaire de la théologie, au chapitre des fins dernières du *Livre IV* (distinctions 43-50). En sa *Somme de théologie* Thomas prend l'initiative d'installer son traité de la félicité immédiatement après celui de Dieu et de son œuvre créatrice, au seuil de la *Deuxième Partie* qui examine les activités intelligentes et libres acheminant l'homme viateur à son accomplissement[7]. On remarquera que cette innovation ne sera nullement appréciée ni suivie. Tous, du fait surtout de la vogue du volontarisme vite compliqué de nominalisme, continueront à ramener la béatitude à sa phase eschatologique et, pour la ruine de l'éthique, à prôner pour le présent une morale d'obéissance à des commandements.

Chez les Pères et dans la tradition augustinienne, le platonisme assure le caractère manifeste de la thèse situant la félicité de l'homme en Dieu. Thomas, critique pour la théorie d'une évidence immédiate de l'existence de Dieu, s'il fait sien le thème de Dieu fin ultime, l'entoure d'une argumentation rationnelle établissant que l'épanouissement du bonheur est requis, même en Dieu, par la vie intelligente et libre : «La béatitude de Dieu est l'opération par laquelle il se connaît. S'il ne se connaissait pas, Dieu ne serait pas[8].»

Afin de manifester le caractère rationnel du *désir* de la félicité parfaite que seule assure la connaissance de Dieu «tel qu'il est», Thomas passe en revue les divers biens qui à différents niveaux sollicitent l'homme en quête du bonheur, les biens d'ordre corporel, tels les plaisirs et richesses, ceux d'ordre psychologique tels les honneurs, le pouvoir, ou de niveau spirituel ou intellectif, ainsi la contemplation esthétique ou philoso-

---

5. *S. Th.* I q.103 a. 8, Resp. : *Omnis inclinatio alicuius rei vel naturalis vel voluntaria nihil est aliud quam quaedam impressio a Primo Movente, [...] ideo dicitur Deus «omnia disponere suaviter».*

6. Cf. *Super Boethium De Trinitate*, q. 2 a. 3 ad 5, t. 50, p. 100 (à propos du miracle de Cana, selon *Jean* 2, 1-10).

7. *S. Th.*, I-II q. 1-5.

8. *Super I Ep. ad Tim.*, c. 6 lect 3, Cai-Marietti (les références aux commentaires de l'Écriture sont toujours prises de cette édition) § 266 : *Dei autem beatitudo est qua cognoscit se. Si enim se non cognosceret, Deus non esset.*

phique[9]. Sans dénier leur valeur, il la montre limitée et partant insuffi-
sante au regard de cette capacité d'infini dont se sent capable l'intelligence et qu'évoque S. Augustin en termes d'inquiétude existentielle.
L'inventaire ainsi dressé des biens immédiatement accessibles, qui sollicitent dès à présent le désir humain, se garde, en soulignant leur intérêt
relatif, de les disqualifier absolument. Il en montre le sens d'indice et de
promesse relativement à l'accomplissement ultime dès lors qu'ils sont
engagés comme des moyens utiles. Ils sont à apprécier à l'aune de ce bien
suprême qu'est la félicité parfaite. Seul un jugement rationnel objectif
quant à leur valeur épargne à l'homme, toujours exposé à la tentation
d'absolutiser, de se préparer d'amères déceptions.

En sa détermination de la félicité, Thomas introduit une double préci-
sion : 1) Dieu est le bien suprême en tant qu'objet d'une opération bienheureuse de connaissance et d'amour ; 2) le bonheur est acquis par l'agir
exercé selon des exigences consécutives à ce qu'est l'homme et à ce
qu'exige son plein développement. La définition de la félicité par Boèce :
«état accompli du fait de la récapitulation de tous les biens [10]» est explici-
tée en un sens dynamique, celui d'une progression vers l'épanouissement
au moyen d'une suite d'opérations simultanément intellectives et volitives qui, nécessairement successives, donnent son sens et son prix au
temps humain. Toute l'anthropologie thomasienne est ici impliquée : il
convient d'en rappeler les moments essentiels.

2. Le bonheur pour l'homme en son unité de corps et âme intelligente

À la fois enracinée dans la sagesse multiséculaire remaniée sous l'appel
biblique, l'anthropologie thomasienne tranche sur celle de ses contemporains qui est afffectée du dualisme platonisant (prolongé par Descartes).
Elle comprend l'homme en son unité que ne parvient pas à entendre la
dualité du corps et de l'âme, et rend raison de l'intégration des dimensions corporelles des biens et du désir dont ils sont l'objet dans la poursuite du bonheur. On la résume brièvement en trois points : a) l'intelligence comme principe suprême ; b) la nécessaire intériorité du vouloir de
la félicité ; c) l'intellection du bien, condition du vouloir libre.

a) L'intelligence est principe suprême chez l'homme. Elle est le principe qui assure son unité au sujet humain, car elle en est la forme substan-
tielle animatrice qui assume en son essence même, au titre de ses virtuali-
tés ou facultés, les pouvoirs subordonnés d'animation corporelle[11]. En

---

9. *S. Th.*, I-II q. 2 a. 1 : les biens matériels ; a. 2-3 : les honneurs et la gloire ; a. 4 :
le pouvoir ; a. 5-6 : le bien-être et le plaisir purement corporels ; a. 7 ; les biens d'ordre
psychologique du sujet isolé ; a. 8 : limites de tout bien d'ordre créé. Voir *S.c. Gentiles*
III, c. 27-36 : l'insuffisance des biens créés pour la béatitude parfaite.

10. *Ibid.*, I-II q. 2 a. 1 arg. 2 ; q. 3 a. 2 arg. 2.

11. *Ibid.*, I q. 76 a. 1 Resp. Bien que d'optique théologique, les commentaires
scripturaires de Thomas rappellent souvent cette détermination de l'homme par son
intellect sa part principale : cf. *Lectura in Joan.* c. 11 lect. 7, § 1577 ; *Super Ep. ad
Rom.*, c. 7 lect. 3, § 570 ; lect. 4, § 585 ; *Super II Ep. ad Cor.* c. 4 lect. 5, Cai § 146 ; *Super
Ep. ad Eph.* c. 4 lect. 6, § 232 ; autres textes et leur analyse en mon étude *La Personne
humaine au XIIIe siècle*, Paris 1991, en particulier p. 392s.

son statut de principe «séparé», c'est-à-dire supérieur au niveau de ces derniers qui sont inséparables des conditions matérielles, l'intelligence leur vaut leur statut proprement humain [12]. Elle est racine de la liberté et, du fait de son privilège d'être subsistante, cause de l'individuation singulière de la personne humaine. En ce sens incarnée l'intelligence, par la sagesse qu'il lui revient d'acquérir, préside à sa faculté rationnelle, à la raison de soi dépendante du langage et des images, ainsi qu'à la vie du niveau subordonné de la sensibilité, de manière non pas despotique à la façon stoïcienne, mais «politique», c'est-à-dire persuasive, avec la douceur et la patience de la bienveillance [13].

Cette acception de l'homme centrée sur l'intelligence, toujours associée au vouloir spirituel, rend raison de la nature immortelle propre à l'âme intellective, mais sans aucunement signifier que celle-ci serait assurée de la félicité, puisque l'incorruptibilité peut se vérifier dans l'état limite du malheur absolu de la damnation. Le caractère incorruptible de l'instance intellective avec son inséparable pouvoir volitif est condition nécessaire, mais non suffisante, de la félicité ultime qui dépend de l'acquisition intelligente et libre des discernements intellectifs offerts par la Révélation et le libre vouloir mettant en pratique ce qu'elle demande.

On use ici du terme actuel «intelligence», mais notre auteur use du vocable technique d'«intellect». En sa capacité de synthèse intuitive, l'intellect est supérieur à la raison proprement dite, qui en est seulement une faculté ou application de mode discursif aux images et au langage. En ce sens précis hérité des anciens, la raison n'est à l'aise que dans la dispersion et l'accumulation qui, typiques de la multiplicité, sont encore dépourvues de la cohérence qu'y doit instaurer l'intelligence. D'où les sentences : «l'intellect est origine de la raison (discursive) [14]»; «la raison est pensée intellective déficiente [15]».

Par sa capacité de présence vive à ce qu'est l'être en acte propre à toute réalité, y compris et d'abord celui du sujet humain lui-même jusqu'en son corps propre et son environnement, l'intellect, en tant qu'unique principe d'animation simultanément intellective, sensitive et végétative, vaut à la vie du niveau corporel chez l'homme un état et un sens incomparablement supérieurs aux conditions qui sont propres à la

12. Textes dans *La Personne humaine*..., p. 441-448. Le thème traditionnel de l'immortalité de l'âme rationnelle est radicalement transmué chez Thomas à l'aide de la notion du statut «séparé» (du niveau hylémorphique corporel) qu'Aristote et la tradition aristotélicienne identifient en l'intellect humain. La noétique d'Averroès, que Thomas connaît bien pour en avoir fait une reprise critique, lui a offert, sur la transcendance de l'intellect par rapport à l'instance hylémorphique de l'âme, des discernements importants qui, dans leur remaniement thomasien, libèrent des doutes inhérents à la phénoménologie rationaliste de Kant.

13. *S. Th.*, I-II q. 17 a. 7 Resp.; q. 58 a. 2 Resp. : la gestion «politique» des pouvoirs sensibles, avec Aristote. Seuls les actes formellement humains, à savoir les opérations qui relèvent de la gestion intelligente et volontaire relèvent directement de l'éthique ; cf. *ibid.* q. 6 Prologue.

14. Cf. *S.c. Gentiles*, I c. 57, éd. Pera-Marc-Caramello (Marietti) § 480.

15. *Ibid.*, § 481 : *defectivus quidam intellectus est ratio.*

seule physiologie comme telle [16]. Cette unité rend compte de l'intégration de l'expérience corporelle dans la part de bonheur à présent accessible.

En son acception de l'homme, Thomas intègre la sentence de Denys relative au Bien divin qui s'irradie en intelligibles et en biens participés au bénéfice de l'homme par le biais des réalités corporelles. Il la double du discernement d'Avicenne réinterprété estimant que le corps est conféré pour l'utilité de l'âme (spirituelle) [17]. Toute l'information intelligible dont vit la pensée humaine comporte une dimension relative à la condition corporelle consciente, car vérifiant à sa mesure cette notion d'être en acte qui préside à l'intellection. La complexion d'âme et de corps acquiert sa rigoureuse unité dans le moment où l'homme par son opération intellective assume en toute lucidité et liberté la condition concrète de sa vie [18]. L'anthropologie thomasienne culmine avec la doctrine que la béatitude parfaite, tout en étant — en son principe — d'ordre intellectif, comporte l'euphorie de l'intégrité totale enfin restaurée du sujet humain corps et âme. Ce n'est donc pas seulement la promesse biblique de la résurrection corporelle qui anime une telle assurance, car celle-ci est lestée d'arguments rationnels relatifs au rôle bénéfique du statut corporel pour l'intelligence humaine : «Si l'on nie la résurrection du corps, il n'est pas facile et il est même difficile d'affirmer l'immortalité de l'âme [19].»

b) La connaissance intellective est une activité qui reste intérieure au sujet intelligent tout en l'établissant en référence vive à ce qu'il connaît et veut. Cette intériorisation est celle de la félicité qui a son lieu dans l'intellection et l'amour intelligent. En s'ouvrant à tout ce qui est, notre connaissance intellective s'effectue moyennant l'activité de concevoir, en l'intériorité de notre intellect, ce qui nous est connu de la réalité visée [20]. Une telle conception — qui chez Thomas est tout autre chose que le concept-représentation ou copie des nominalistes — implique, pour s'établir dans la vérité et donc se rapporter au bien réel à vouloir, que l'intelligence se constitue en référence radicale à ce qu'est en elle-même la réalité, en se laissant mesurer et donc relativiser par cette dernière :

On parle de mesure à propos de (notre) savoir intellectif du fait qu'il subit une mensuration plutôt qu'il n'en est l'acteur. Ce n'est pas en effet parce que [...] nous connaissons que la réalité connue est telle, mais au contraire : parce

---

16. *S. Th.*, I-II q. 31 a. 7 Resp. : la notion de nature, à propos de l'homme, présente deux sens : 1) au sens philosophique précis — seul ici en considération —, la nature (ou essence comme mode propre d'être) chez l'homme, c'est l'intelligence et la raison ; 2) en un sens plus vague mais courant, le terme de nature est appliqué à ce qui reste en deçà de l'intelligence, à la condition physiologique.

17. Pour la sentence de Denys : *S. Th.*, I q. 76 a. 5 Resp. ; pour celle d'Avicenne (plus rarement nommé) : *ibid.*, q. 89 a. 1 ; *QD de anima*, a. 7 et 8 ; *QD de spirit. creat.*, a. 6 ; *Super Ep. I ad Thess.*, c. 4 lect. 2 § 93.

18. Sur ce point difficile que Thomas a précisé lors de la controverse avec la noétique averroïsée, voir *La Personne humaine ...*, p. 448.

19. *Super Ep. I ad Cor.*, c. 15 lect. 2, § 924 : *si negetur resurrectio corporis, non de facili, imo difficile est sustinere immortalitatem animae; S. Th.*, I-II q. 3 a. 3 Resp.

20. Cf. *QD de potentia*, q. 9 a. 5 Resp. ; *S. Th.*, I q. 34 ; q. 93 a. 7-8 ; *S.c. Gentiles*, IV c. 11 ; etc..

que la réalité connue est telle, alors nous connaissons en vérité ce qui est [...]. Voici comment nous subissons, au cours de l'activité intellective, une mensuration qu'effectuent les réalités qui nous sont extérieures. Pendant notre opération intellective, tout se passe comme si quelqu'un d'autre venait nous apposer la toise. Nous prenons alors connaissance de quelle taille nous sommes, physiquement parlant, au moyen de la toise qui nous est appliquée. Tout comme la règle graduée qui nous est appliquée de l'extérieur est dite mesure de notre taille corporelle, ainsi la chose connue est cette mesure par laquelle nous pouvons juger de la vérité de l'acte d'intellection exercé par notre intellect[21].

Critère et mesure de la vérité seule accessible à la connaissance intellective, la réalité objet d'intellection l'est en son être même et donc, pour ce qui est du vouloir, en tant qu'elle est un bien jugé digne d'être désiré et voulu ou aimé. La connaissance intellective jouit d'être réceptive d'un apport noétique, celui de la forme intelligible qui, corrélative de la réalité objet d'intellection, est participation d'ordre intellectif à ce qu'est l'être de cette même réalité[22]. Cette disponibilité intellective est décrite, sans préjudice du caractère actif de l'intellection qui acquiert la forme intelligible, comme passivité au sens d'accueil enrichissant d'un appoint d'origine extrinsèque. C'est là une reprise approfondie de la tradition aristotélicienne de l'intellect dit «possible», c'est-à-dire réceptif d'une perfection noétique (d'où la formule de «passion perfective») qui s'ajoute à lui sans perdre celle qui est déjà sienne.

Une telle intériorisation par conception intellective exige la disponibilité du sujet humain pour ce qui est doté d'excellence et à ce titre objet d'un vouloir libre. Elle s'exerce selon la loi de la réceptivité intellective de s'effectuer selon la capacité de l'intellect. Confirmée par Boèce, cette loi est transmise à Thomas par Denys avec le thème de l'«analogie» ou mesure de réceptivité noétique que détermine la nature ou essence du sujet intelligent créé[23]. Pareille mesure de réceptivité noétique appelle la critique de nos savoirs et de nos certitudes[24]. D'où une indispensable

---

21. *In Metaphys.*, X lect. 2, Cathala (Marietti) § 1956-1958 : (A propos de l'évocation par Aristote de la thèse de Protagoras sur la connaissance comme mensuration active des choses) *dicemus scientiam esse mensuram rerum scibilium et sensum rerum sensibilium quia ipsis aliquid cognoscimus [...] quia secundum rei veritatem magis mensurantur quam mensurent. Non enim quia nos aliquid sentimus aut aliquid scimus, ideo sic est in rerum natura. Sed quia sic est in rerum natura, ideo vere aliquid scimus [...]. Et sic accidit nobis quod in [...] sciendo mensuramur per res quae extra nos sunt. Nobis autem cognoscentibus et mensurantibus, sicut aliquo alio nos mensurante, cognoscimus quanti sumus in quantitate corporali per mensuram cubitalem applicatam nobis. Et sic sicut cubitus exterius appositus est mensura quantitatis corporalis nostrae, ita res scitae [...] sunt mensurae per quas potest sciri utrum vere cognoscamus aliquid [...] per intellectum.* Voir encore V lect. 17 § 1027.

22. On résume un ensemble d'analyses présentées dans *La Personne humaine*..., notamment p. 220s, sur la puissance opérative et p. 449s. sur l'opération volontaire.

23. Sur ce thème important, voir mon travail *Dialogue et dissensions entre S. Bonaventure et S. Thomas d'Aquin à Paris (1252-1273)*, Paris 1974, p. 185s.

24. Application théologique de cette loi d'épistémologie philosophique par le commentaire de *I Corinthiens* (c. 2, 10 : le privilège divin de se comprendre de façon exhaustive), c. 2 lect. 2, § 98.

négativité ou apophase établissant que pour la connaissance humaine de Dieu et les dénominations qui le désignent, la démarche ne peut qu'être indirecte[25]. Relativement au bien du bonheur à rechercher et à vouloir, l'apophase prend la forme d'une appréciation critique des divers biens accessibles et implique option sagement mûrie pour ceux qui sont supérieurs.

c) La connaissance intellective préside à l'opération volontaire. La libre référence au bien à vouloir, quel qu'il soit, mais a fortiori au bien de la béatitude ultime, l'intelligence est seule apte à l'établir, qui est seule à discerner ce qui est bon et à le rendre présent en l'intériorité du sujet où la volonté a à y tendre comme au but digne de la complaisance qu'elle y trouve. Le discernement intelligent de la fin et des moyens à prendre préside ainsi au vouloir. À la suite de S. Augustin, Thomas rappelle qu'on n'aime, ne veut, que ce que l'on connaît et connaît comme aimable[26]. Privilège conjoint de l'intelligence et de la volonté, la liberté a sa racine en la raison[27]. La sentence ne méconnaît pas que les dispositions affectives du sujet humain pèsent sur l'appréciation de ce qui est à vouloir, car il revient à l'intelligence pratique d'en être consciente et d'y pourvoir.

Cette coordination précise de la connaissance et du vouloir, Thomas l'établit au bénéfice de la recherche du bonheur bien ultime dans la liberté. Elle a fait l'objet, de la part des partisans d'une primauté de la volonté sur l'intelligence, d'une vive contestation qui a mené à cette morale autoritaire qui, basée sur des commandements, sera comprise, dans le rationalisme ultérieur, comme dépourvue de fondement rationnel et même comme incompatible avec la liberté.

3. La vie orientée vers le bonheur, tâche de la sagesse pratique

Ces rappels de l'anthropologie thomasienne éclairent le rôle attribué à l'intelligence dans l'ordre éthique. L'homme sage, soucieux de sagesse pratique, dirige sa vie dans la perspective du bonheur selon un jugement moral personnalisé qui le dote de liberté responsable[28]. La tâche de discerner ce qui est bon à rechercher est pour chacun personnelle et onéreuse. La maturité éthique n'existe qu'au prix de l'éducation de la pensée pratique et d'une ascèse des vouloirs. Elle comporte l'acquisition des vertus morales — le terme de vertu, on le sait, désigne en sa signification génuine la capacité de produire avec aisance une prestation éminente, ainsi celui toujours actuel de «virtuose». La vertu éthique de sagesse

---

25. Voir S. Th., I q. 13; In Sent., I d. 2 a. 3; In Dion. De Divinis Nominibus; Super Ep. ad Rom., c. 1 lect. 6; etc. Les fameuses «cinq voies» de la S. Th., I q. 2 a. 3 qui fondent l'affirmation de l'existence de Dieu sont une version de la négativité qui, propre à Thomas, assume le triple moment hérité de Denys : négation, causalité, éminence.
26. Ibid. I-II q. 27 a. 2; cf. E. MICHEL, Nullus potest amare aliquid incognitum. Ein Beitrag zur Frage des Intellektualismus bei Thomas von Aquin, Freiburg/S. 1979.
27. Ibid., I-II q. 17 a. 1 ad 2; q. 93 a. 1; q. 94 a.4.
28. Cf. ibid., I-II q. 55 a. 4, ad 2; q. 141 a. 6 Resp.; II-II q. 47 a. 6 Resp., avec Denys (Noms Div. c. 4), il est montré que le bien moral réside dans l'ordre de la raison (au sens d'intelligence) seule apte à comprendre de façon supra-empirique la fin, à savoir la félicité règle pour les moyens à prendre.

pratique, dans l'optique thomasienne, habilite au jugement personnel qui tient souverainement compte des circonstances particulières propres à toute action par définition singulière[29].

Comme on sait, Kant a refusé d'asseoir sa morale sur le bonheur, qu'il juge égoïste pour l'instaurer sur le thème stoïcien du devoir déterminé au terme d'une universalisation supra-individuelle, ce qui suppose que l'individu humain ne peut être qu'égoïste. À la différence de l'austère rationalisme de cette théorie, l'éthique thomasienne vise partout et toujours la part de félicité, modeste sans doute mais qu'irradie déjà son orientation vers la plénitude, qu'il est possible à l'homme singulier de conquérir moyennant l'agir intelligent personnellement déterminé. On a pu estimer très aristocratique cette façon de comprendre la morale. Mais semblable objection ne conduit-elle pas au mépris du sujet humain appelé à accéder à l'autonomie responsable? Il reste que l'éthique thomasienne suppose de la maturité pour être exercée et d'abord pour être appréciée en son originalité.

Première des vertus morales en cette éthique, la sagesse pratique, *prudentia* (version de la φρόνησις d'Aristote en son *Éthique à Nicomaque*) exerce un rôle capital. Elle est l'instance majeure du moment éthique, car seule la connaissance intellective est capable de discerner le rapport proportionné de la réalité jugée bien à acquérir avec l'appétit intellectif, laissant ainsi éclore l'amour de ce bien et par suite la complaisance qu'y trouve la volonté. D'où à mesure de ce qu'est ce bien, l'expérience du plaisir ou joie d'ordre intellectif qui, au titre de conséquence immédiate, fait partie intégrante de la notion même de bien[30]. «Il ne peut y avoir d'opération parfaitement bonne [du point de vue moral] si elle ne comporte pas jouissance d'un bien[31].»

«Il est évident que le plaisir préférable, c'est celui qui est associé à la sagesse pratique[32].» Parce que de statut intellectif, la détermination personnelle de ce qui est jugé bon en vérité par l'agent doté de sagesse pratique lui vaut, à la mesure du bien voulu et aimé, jouissance de la joie[33]. Jouir du bonheur est indissociable de la notion même de morale, dans l'optique thomasienne qui pour autant ne tolère aucun subjectivisme. Comme il est évident dans le cas du plaisir qui, désordonné, contredit le jugement rationnel seul à discerner le bien véritable de l'agent, la jouissance du plaisir, *delectatio*, retirée du bien voulu ou aimé, ne peut définir à elle seule la félicité. Celle-ci se détermine en priorité par

---

29. *Ibid.*, II-II q. 47 aa. 2-3; etc.

30. *Ibid.*, I-II q. 25 a.2 Resp. : *aptitudo sive proportio appetitus ad bonum est amor, qui nihil est aliud quam complacentia boni. [...] Quies autem in bono est gaudium vel delectatio. [...] Delectatio enim est fruitio, quae quodammodo est finis sicut et ipsum bonum.*

31. *Ibid.*, I-II q. 34 a. 4 ad 3 : *non potest esse operatio perfecte bona, nisi etiam adsit delectatio in bono.*

32. *Sent. L. Ethic.*, X c.2, éd. crit. t. 47 p. 556, 97 s; *Manifestum est enim quod delectatio est eligibilior si adiungatur prudentiae.*

33. *S. Th.*, I-II q. 31 a. 4 Resp. : *Delectatio quaedam sequitur apprehensionem rationis. [...] Et secundum hoc in appetitu intellectivo sive in voluntate est delectatio quae dicitur gaudium*; q.84 a. 4 Resp. : *delectatio, sine qua felicitas esse non potest, ut dicitur in I° et X° Ethicorum.*

l'accomplissement qu'instaure la réalité apte à l'assurer moyennant le rapport intellectif de l'agent avec elle. La joyeuse jouissance du bien relève du bonheur au titre de consécution immédiate à la présence en l'intériorité d'abord intellective de la réalité bonne. Elle réside en l'*adeptio*, en l'«acquisition» au sens de rapport vécu, par le vouloir de ce bien et constitue, comme en une instance seconde, *concomitans finem et quasi perficiens ipsum*, le bénéfice que l'agent intelligent et libre en retire[34]. La priorité de l'intériorisation intellective de ce qui est bon par rapport au vouloir qui par l'amour s'y réfère et s'y complaît est condition non seulement de la liberté personnelle de l'agent, mais avant tout de l'excellence éthique de l'agir, d'où la formule : «Si l'opération est essentiellement bonne, le plaisir (qu'elle procure) est lui aussi (moralement) bon[35]». On comprend ainsi que la bêtise, chez l'homme capable de raison, soit au gré de Thomas faute morale[36].

Sise en l'intelligence pratique seule à s'informer des conditions particulières propres à l'agir toujours singulier, la vertu éthique de sagesse pratique règle le vouloir en assurant la liberté personnelle et en mettant à son service les autres vertus morales. Elle permet au sujet agent de goûter la satisfaction paisible et joyeuse et dans cette mesure heureuse, de l'agir personnel excellent. Elle met en exercice la loi (morale) naturelle qui participe de la Loi éternelle selon laquelle s'exerce la Providence divine[37]. Celle-ci associe notre intelligence à son gouvernement par cette loi naturelle qui, rendue présente par la sagesse pratique, se voit complétée et précisée par la Révélation[38]. Les auteurs qui, même en se réclamant de Thomas d'Aquin, situent la loi morale naturelle dans l'ordre infra-intellectif, frelatent sa leçon pourtant claire.

La vertu morale immédiatement consécutive est celle de justice qui règle le rapport entre personnes. Elle habilite le vouloir à s'exercer selon la sagesse pratique seule à discerner la dignité de chaque personne et à tenir compte de la singularité propre à chacun en sa fonction et en sa prestation. Rendant paisible et agréable la vie sociale, elle préside au respect d'autrui et l'étend jusqu'à la bienveillance et l'amitié[39]. Elle est secondée par les autres vertus de la volonté, et d'abord par celle de force que requiert l'affrontement courageux des hésitations, peurs, difficultés et peines, non seulement chez le sujet agent, mais aussi chez le prochain. Pour traiter ce dernier avec une vérité bienveillante, la justice est également favorisée par la vertu d'humilité qu'on va évoquer. Elle vaut au vouloir, de pair avec l'intelligence dotée de sagesse pratique, de goûter la complaisance du juste en son agir en dépit, éventuellement, des oppositions.

---

34. *Compendium theol.*, I c. 107, éd. crit. t. 42 p. 122, 27s ; *S. Th.*, I-II q. 3 a.4 ; q. 34 a. 3 ad 2 ; *S.c. Gentiles*, III c. 26 ; *Quodlibet VIII* a. 19.

35. *In Sent.*, II d. 24 q. 3 a. 4 Resp. : *si operatio est per se bona, et delectatio est per se bona, et e contrario; S. Th.*, I-II q. 34 a. 1 Resp.

36. *S. Th.*, II-II q. 46 a. 2 Resp.

37. *Ibid.*, I-II q. 93 et q. 94.

38. *Ibid.*, I q. 103 a. 5 ad 3.

39. *Ibid.*, II-II q. 114. L'énorme ensemble des qq. 52 à 122 traite des multiples incidences de la justice dans la vie sociale.

La vertu de tempérance habilite au sage gouvernement des ressources du sujet agent, de ses appétits, répulsions, colères, bref à l'usage judicieux des biens corporels, des plaisirs sensibles et psychologiques tels que la réputation ou l'honneur. Elle règle la complaisance en soi pour sa vérité et la libère de l'orgueil en la dotant de l'humilité. Aristote ne voyait en l'humilité que mesquinerie et voulait que le sage, conscient d'être digne de grandes choses, se dote de magnanimité dans une haute (sinon hautaine) estime de soi. Avec élégance et dextérité, Thomas, qui dispose du thème théologique de l'élection divine, renverse cette appréciation et enseigne à l'encontre du Philosophe que la véritable vertu d'humilité vérifie celle de magnanimité [40]. D'où cette conscience de soi qui, chez l'homme moralement adulte, est à la fois fier de sa destination au bonheur et humble sans aucune bassesse et par suite avenant dans le commerce social.

La vertu de tempérance, avec le concours de celle de force, gère les passions sensibles, désirs, peurs, répugnances et colères. Gouvernées par la raison, ces passions, en particulier la principale, l'amour de désir en ses diverses inclinations, sont de soi excellentes, car elles sont des adjuvants pour la volonté [41]. Dès lors qu'ils sont réglés selon la sagesse pratique qui les réfère à la fin ultime, plaisirs et joies d'ordre naturel sont d'une valeur éthique excellente. Au pessimisme augustinien concernant la condition corporelle est ainsi substitué un optimisme lucide moyennant le rappel d'une nécessaire ascèse intelligente qui ménage sa juste place au plaisir qui est dilatation de l'âme [42]. Il s'agit de se libérer en vue des plaisirs supérieurs, ceux que procurent la contemplation intellective pour une jouissance stable, délivrée de l'inquiétude inhérente à ce qui manque et donc vraiment heureuse de ce qui est bon et prélude à la félicité parfaite [43]. Surtout s'il est de niveau supérieur et en ce sens dit «spirituel», le plaisir est bien indispensable dans la vie humaine, en particulier celui qui est éminent, la joie [44]. Goûté selon les exigences propres à ce niveau supé-

---

40. Cf. *ibid.*, II-II q. 161 ; R.-A. GAUTHIER, *Magnanimité. L'idéal de la grandeur dans la philosophie païenne et dans la théologie chrétienne*, Paris 1951, notamment c. 5 p. 295s. : *Réassomption de l'humain. La magnanimité, vertu de l'espérance selon saint Thomas d'Aquin*.

41. *Ibid.*, I-II q. 24, notamment a. 2.

42. *Ibid.*, I-II q. 31 a. 3 ad 3 et q. 33 a. 1 Sed contra, Resp. et ad 1 : l'étymologie selon Isidore de Séville dérivant *delectatio* de *dilatatio* ; q. 34 a. 1 Resp. ; II-II q. 142 a. 1.

43. *In Sent*, II d. 38 q. 1 a. 2 Resp. : *delectatio autem purissima est spiritualis delectatio; Super Boeth. de Hebdomadibus*, ed. crit. t. 50 p. 268, 41s ; *S. Th.*, II-II q. 180 a. 4 Resp. : *contemplatio divinae veritatis competit nobis imperfecte, videlicet «per speculum et in aenigmate»* (I Co, 13, 12), *unde per eam fit nobis quaedam inchoatio beatitudinis quae hic incipit ut in futuro terminetur*. Cf. *In Metaph.*, XII lect. 8 § 2538 ; *S.c. Gentiles*, II c. 80-81, Marietti § 1628 (avec Aristote).

44. *Ibid.*, I-II q. 31 a. 6 Resp. ; q. 32 a. 5 Resp. ; a. 8 Resp. ; q. 33 a.1 Resp. ; a. 4 Resp. : les plaisirs d'ordre spirituel sont perfection pour l'agir humain ; *Sent. L. Ethic.*, III c.21, 63s, t. 47/1 p. 188 : l'insensibilité, vice de celui pour qui il n'y a aucun plaisir, rend étranger à la condition humaine.

rieur, il est en un sens la cause de l'excellence morale de l'action[45]. Au service de la paix et de la joie d'ordre spirituel, des plaisirs plus modestes peuvent être, précise Thomas, des adjuvants momentanés. À qui se sent triste, il est conseillé de prendre un bain, ou encore de dormir[46] ; à qui est accablé par un deuil, de recourir à la douceur d'une vraie amitié[47], et à qui éprouve de la peine, de se tourner vers la contemplation des grandes vérités consolantes[48].

Ces rappels rapides l'attestent : l'éthique thomasienne, pour insister sur la nature intellective de l'homme et son rôle primordial dans la question éthique, intègre pour son concours actif à l'équilibre dans la sérénité et la paix toute la condition humaine concrète jusqu'en sa dimension corporelle. Elle entend par là assurer l'expérience de cette part du bonheur qui est dès maintenant accessible.

II. LE BONHEUR ET L'ÉTHIQUE EN THÉOLOGIE

Au niveau philosophique, la question du bonheur relève de la seule intelligence pratique se développant elle-même selon la sagesse la meilleure possible et donc en accord avec l'avis des sages, car la nature humaine, de par l'intellect avant tout, est sociale. En domaine théologique, la même question relève toujours de l'intelligence pratique, mais initiée à une sagesse qui, également intellective, est d'ordre supérieur car inspirée de la Révélation. Le partage d'une telle sagesse est accessible par mode d'écoute dialoguante typique de la relation interpersonnelle. Par là, l'homme entre dans une perspective existentielle du plus haut intérêt avec la promesse divine d'avoir part au bonheur propre au Christ. Ainsi orienté et confirmé en son vœu d'accéder au plein épanouissement, il peut déjà discerner quelque reflet de la félicité espérée sur sa vie présente. L'optique théologique comporte, outre l'ascèse déjà requise dans l'ordre simplement humain par l'accès à l'étape adulte, des exigences qui, parce que celles de l'amour du bien indissociable du bonheur, concernent aussi bien l'intelligence que la volonté. Pour entendre l'élaboration thomasienne de l'incidence de la promesse de la félicité parfaite sur la vie présente, il convient d'examiner : 1° l'apport au plan intellectif de la promesse du bonheur ultime ; 2° la mise au point du problème de la félicité eschatologique ; 3° la doctrine de la grâce pour autant qu'elle est l'aube du bonheur ultime.

1. L'apport intellectif de la Révélation concernant la félicité

Consécutive au mode de notre connaissance qui s'exerce selon la mesure de réceptivité définie par la nature d'intelligence incarnée, l'épistémologie critique évoquée plus haut n'implique en théologie, selon Tho-

---

45. *Ibid.*, I-II q.34 a.4 ad 3 : *Cum delectatio perficiat operationem per modum finis, [...], sic quodammodo bonitas delectationis est causa bonitatis in operatione.*
46. *Ibid.*, I-II q. 38 a. 5 Resp.
47. *Ibid.*, a. 3.
48. *Ibid.*, a. 4.

mas d'Aquin, nul *sacrificium intellectus*, aucun renoncement à la vie intellective comme il en est question dans une théologie encore complice des subjectivités du rationalisme. C'est bien plutôt une tâche libératrice pour l'homme que parvenir à remarquer les limites de sa propre pensée et de s'ouvrir à une écoute de style dialoguant en vue d'accueillir l'apport intellectif de la Révélation. En son Verbe incarné, Dieu nous apprend qui il est en lui-même : vie suprême épanouie en processions intellective et volitive (d'où la trinité des Personnes) et nous invite à prendre part à sa félicité. La négativité requise ici réside à référer soi-même et tout bien à cette fin suprême en adoptant pour critère ce qu'est Dieu en lui-même et non pas simplement pour autant qu'il est connaissable à notre raison limitée. La version psychologisée du discernement des limites tant de la pensée intellective que du degré insuffisant de bonheur naturellement accessible, le sage la ressent en éprouvant une soif d'infini notée par Augustin en termes d'inquiétude existentielle le portant à s'adresser ainsi à Dieu : « Tu nous as faits pour toi et notre cœur est sans repos jusqu'à ce qu'il repose toi. » Thomas formule un discernement identique en insistant sur les limites trop étroites du plaisir de la sagesse intellective inaccomplie aussi longtemps que le bonheur plénier n'est pas expérimenté[49]. Il rend raison de la quête activement inquiète d'une joie sans restriction en en désignant la source au niveau supérieur de l'intellect du fait de son désir à la fois inné et impossible à réaliser par ses propres ressources d'accéder à l'épanouissement moyennant la contemplation directe de la vérité suprême absolument digne d'admiration[50].

Le sens simultanément intelligible et existentiel des vérités révélées suscite la connaissance de foi qui reste affectée d'un aspect d'inévidence onéreuse pour la raison discursive. Mais les dons noétiques de la grâce (évoqués plus loin) viennent plus que compenser l'expérience déficiente que ressent la raison humaine face à leur apport au niveau proprement intellectif. D'où la nécessité d'une ascèse rationnelle qui est appelée par cette salutaire objectivité absolue que seule la Révélation et la grâce rendent possible au bénéfice de la vie théologale déterminée comme relation immédiate avec Dieu[51]. Bénéfique pour l'épanouissement de la pensée, une telle ascèse est requise pour intérioriser de façon personnelle le message révélé et y ajuster l'agir pratique.

On constate par là que la primauté de l'intelligence pour la félicité et pour l'éthique n'est pas simple option intellectualiste, mais qu'elle est appelée par le message révélé lui-même. Au début de sa prédication, le Verbe — le terme Verbe traduit le grec λόγος qui dit à la fois Parole et intelligence, parole intelligente — annonce, rapporte l'Évangéliste en grec (*Mc* 1, 17) : μετανοεῖτε, littéralement : changez d'esprit, de pensée intellective, de façon de vous comprendre, ce qu'on peut paraphraser : élargissez votre recherche du bonheur (en accueillant ma parole qui est

---

49. *Ibid.*, I-II q. 33 a.2 ad 1 : *quando delectatio est perfecta, tunc habet omnimodam quietem et cessat motus desiderii tendentis in non habitum. Sed quando imperfecte habetur, tunc non omnino cessat motus desiderii tendentis in non habitum.*

50. *Ibid.*, I-II q. 3 a.8 Resp. ; Augustin, *Confessions*, I c. 1 n° 1, BA 13 p. 272.

51. *Ibid.*, II-II q. 1 a. 1 Resp. : a. 2 ad 2 ; etc.

Vérité suprême). Réduire, comme l'ont tenté certains, cette invite à une décision purement volitive, c'est la mutiler et en tout cas la prétendre irrationnelle. L'Évangile demande qu'on aie «la tenue de noces» (*Mt* 22, 11-12), c'est-à-dire qu'on «revête le Christ» (*Ga* 3, 27), ce qui s'inaugure avec ce «renouvellement du jugement [qui] transforme» et fait «discerner ce qui est bon [...] et parfait» (*Rm* 12, 2). L'Apôtre éclaire la transformation qu'il indique chez l'homme en lui assignant comme cause le don divin d'un «esprit de sagesse et de révélation qui» nous «le (Dieu) fasse vraiment connaître» et nous «fasse voir quelle espérance (nous) ouvre son appel» (*Ep* 1, 17-18). Une telle connaissance personnellement intériorisée de la source de félicité relève de l'intelligence assistée de l'Esprit Saint. Elle permet au vouloir de déployer, envers Dieu et envers tous ceux qu'il aime «le premier», sa capacité d'aimer d'un amour objectif, c'est-à-dire d'intention toute dépendante de ce qu'est Dieu en lui-même. Assurant à la volonté de tendre vers ce qui est jugé digne d'être aimé, l'objectivité intellective reste consciente du rapport nécessaire d'un tel bien avec l'intériorité du sujet aimant et de ce qu'il en retire. Maints auteurs ont tenté de le traduire au plan psychologique par «amour désintéressé», mais sans pouvoir, du fait de la référence encore égocentrée simplement affectée d'une négation, éviter le fâcheux inconvénient de suggérer qu'un tel amour ne serait pas suprêmement intéressant[52].

2. *Le bonheur ultime est communion intellective et caritative avec Dieu Trinité*

La doctrine thomasienne de la félicité ultime détermine celle-ci comme contemplation intellective de ce qu'est Dieu tel qu'il se révèle. Le désir foncier du bonheur parfait anime certes tout humain, mais il n'y a pas accord unanime sur ce qu'est la félicité ni sur ce qui peut la procurer. C'est la grâce qui inspire de discerner que Dieu répond à la quête humaine par l'offre de nous accomplir en son bonheur propre[53]. Appuyée sur l'Écriture qui parle de banquet festif, de festin de noces, de joie des épousailles, et surtout avec appui sur la parole du Christ : «La vie éternelle, c'est de te connaître, toi le seul véritable Dieu[54]» et sur la *I*re *Épître de Jean* : «Nous le (Dieu) verrons tel qu'il est [55]», la tradition théologique caractérise la félicité ultime comme entrée dans la vie et la joie divines. Thomas évoque à son tour ces formules qu'il explicite en joignant au thème biblique et augustinien du repos en Dieu une notation empruntée à Aristote et relative au plaisir, *delectatio*, qui est alors goûté en plénitude pour la perfection et dilatation de l'âme[56].

La béatitude eschatologique est repos, non pas au sens de cessation d'agir, mais de plaisir suprême propre à une activité qui, exercée avec la

---

52. *Ibid.*, I-II q. 4 a. 4. Pour le problème difficile (car obscurci lors du rationalisme) de l'amour désintéressé, voir L.-B. GEIGER, *Le Problème de l'amour chez saint Thomas d'Aquin*, Montréal-Paris 1952.
53. *Ibid.*, I-II q. 5 a. 8 Resp.
54. *Jn* 17, 3 ; cf. Thomas, *Lect. in Jo.* c. 17 lect. 1, § 2186.
55. *I Jn* 3, 2.
56. *S. Th.*, I-II q. 33 aa. 1, 3 et 4 Resp.

participation du corps ressuscité, est d'admiration intellective et aimante de ce que Dieu est en lui-même et pour nous[57]. Elle est partage de la béatitude propre au Christ en tant que homme et Dieu Fils ou Verbe[58]. «À la gloire de la béatitude éternelle, les hommes sont conduits par le Christ, non seulement ceux qui sont venus après lui, mais également ceux qui l'ont précédé[59].» Et au commentaire de *Jean* : «Il est donné à comprendre que dans la vie éternelle, nous nous réjouirons de l'humanité du Christ[60].». Cette référence au Verbe incarné renvoie à la vie développée à l'intime du mystère trinitaire, car si l'Esprit Saint n'est pas expressément nommé, il reste présent :

«Il n'est pas fait mention du Saint-Esprit, car partout où sont affirmés le Père et le Fils, surtout concernant la manifestation de la divinité, de ce fait le Saint-Esprit est compris *(cointelligitur)*, lui qui est le nœud du Père et du Fils[61].»

Définie comme activité primordialement intellective, l'acception de la félicité ultime est, chez notre théologien, dotée d'une épistémologie de haute portée. L'occasion en est un débat à Paris concernant le thème familier aux Pères grecs de théophanie, c'est-à-dire de manifestation de Dieu adaptée à la réceptivité intellective créée. Mal compris, ce thème provoque la censure universitaire de 1241 pour avoir amené des théologiens à conclure à l'impossibilité absolue, même lors de l'étape eschatologique, de connaître vraiment Dieu «tel qu'il est» puisqu'infini et donc toujours au-delà de notre intellection finie et limitée. Meilleur connaisseur de Denys, Albert le Grand établit l'authentique acception de la notion litigieuse de théophanie[62]. Thomas parfait la solution de son maître et montre que Dieu se communique effectivement aux élus et que la grâce en cette étape suprême réside dans le don, au titre de forme intelligible mensuratrice et actuatrice, de l'essence intellective de Dieu à l'intelligence humaine en sa réceptivité[63]. Ce don sublime suscite cette opération

---

57. *Ibid.*, q. 34 a. 3 et a. 4 ; q. 4 a. 6 : le corps en état parfait est requis pour la félicité parfaite.

58. *Ibid.*, I-II q. 5 a. 7 ad 2 : ... *per Christum, qui est Deus et homo, beatitudo erat ad alios derivanda, secundum illud Apostoli ad Hebr. 2,10 : Qui multos filios in gloriam adduxerat.*

59. *Ibid.*, III q. 45 a. 3 Resp. : *Ad gloriam autem aeternae beatitudinis adducuntur homines per Christum, non solum qui post eum fuerunt, sed etiam qui eum praecesserunt.*

60. *Lectura in Jo*, c. 17 lect. 1, § 2188 : *datur intelligi quod in vita aeterna gaudebimus etiam de humanitate Christi.*

61. *Ibid.*, c. 17 lect. 1 § 2187 (in Jo 17, 3) : *Nec facit mentionem de Spiritu Sancto, quia ubicumque ponuntur Pater et Filius [...] cointelligitur Spiritus Sanctus, qui est nexus amborum* ; voir encore c. 14 lect. 6 § 1946 ; *Super II Ep. ad Cor.*, c. 1 lect. 1 § 10 ; *Super Ep. ad Gal.*, c. 1 lect. 1 § 7.

62. Albert le Grand blâme, en l'imputant à l'ignorance, la censure de la théophanie. Sur son intervention en un secteur névralgique de la théologie et sur ses circonstances historiques, voir l'Introduction à : *Albert le Grand, Commentaire de la* Théologie Mystique *de Denys le pseudo-Aréopagite*, suivi de celui des *Épîtres I-V*. Introd., traduction et notes par É.-H. WÉBER, Paris, 1993, p. 7-58.

63. Cette formulation est d'une technicité qu'on ne peut ici analyser, voir *Dialogue et dissensions ...*, p. 211-244.

intellective et consécutivement caritative dont l'objet direct et le critère de vérité est Dieu en son essence même. L'intellection bienheureuse est certes opération du sujet créé, mais elle est également et d'abord causée par l'essence divine — dûment déterminée par les processions du Verbe et de l'Esprit Saint — qui se constitue co-principe de l'intellection pour en être à la fois l'objet et la mesure infinie [64].

Cette thèse de haute théologie propre à Thomas, seuls les grands « mystiques », les Eckhart, Tauler, Ruysbroeck à sa façon, Jean de la Croix, ont su l'entendre et l'apprécier, qui comprend avec un sens réaliste aigu notre participation par grâce à ce qu'est Dieu, vie infiniment heureuse d'intelligence et d'amour. Elle met en évidence la radicalité du Don de Dieu à l'homme, Don sublime accompli par le Christ qui, Dieu-Verbe et pleinement homme la vérifiant à son degré maximal, diffuse l'Esprit Saint en nous communiquant sa propre vie. D'où en ce sublime don divin la double dimension incréée et créée, à l'instar (et selon un degré que seul détermine la mesure toujours personnalisée de participation par grâce) de son critère et source, l'union hypostatique chez le Christ : incréé du côté de Dieu et, du côté rigoureusement corrélatif de l'intellection exercée par l'homme, créée par condescendance à la réceptivité du sujet créé. Ce cumul de prime abord déroutant pour la raison liée aux représentations-images est parfaitement justifiée au niveau de l'intelligence. La félicité parfaite fin ultime est constituée par le rapport vécu de ces réalités existentiellement promues en situation de corrélatifs que sont Dieu se communiquant par grâce et le sujet créé réceptif du don divin en son intelligence apte de par la grâce à se référer à l'infini divin :

La notion de fin se dit en un double sens. En un sens, elle désigne la réalité même [objet de l'opération qui y tend] ; en l'autre l'entrée en possession, adeptio, de cette même réalité. Il n'y a pas deux fins, mais une fin unique tantôt considérée en elle-même et tantôt considérée dans le moment de son acquisition, applicatus. Or Dieu est fin ultime au titre de cette réalité que finalement l'on recherche, tandis que la jouissance, fruitio, (que l'on en reçoit) est l'entrée en possession de cette fin ultime. De même donc que n'est pas autre la fin qu'est Dieu et ni autre la fin au sens de jouissance de Dieu, ainsi une et identique est la raison de cette jouissance que nous avons de Dieu et qui est celle dont Dieu jouit et la raison de cette félicité créée dont nous possédons la jouissance.

Considérée en son objet et cause, la béatitude de l'homme est réalité incréée, tandis que vue en l'être qui est sien [en tant qu'être approprié à l'homme], elle est créée [65].

---

64. Principales références : S. Th., I q. 12 a. 5 et a. 9, a. 2 ad 3 ; S.c. Gentiles, III c. 51-52 ; Compendium theologiae, I c. 105 ; QD de verit., q. 8 a. 1 ; q. 18 a. 1.

65. S. Th., I-II q. 11 a. 3 ad 3 : Finis dicitur dupliciter : uno modo ipsa res ; alio modo adeptio rei. Quae quidem non sunt duo fines, sed unus finis in se consideratus et alteri applicatus. Deus igitur est ultimus finis sicut res quae ultimo quaeritur ; fruitio autem sicut adeptio huius ultimi finis. Sicut igitur non est alius finis Deus et fruitio Dei, ita eadem ratio fruitionis est qua fruimur Deo et qua fruimur divina fruitione. Et eadem ratio est de beatitudine creata, quae in fruitione consistit ; q. 3 a. 1 Resp. : Si ergo beatitudo hominis consideretur quantum ad causam vel obiectum, sic est aliquid increatum ; si autem consideretur quantum ad essentiam beatitudinis, sic est aliquid creatum ; autres références pour la dimension incréée de la félicité ultime de l'homme : QD de verit. q. 20 a. 4 ad 7 : «...

Le bonheur suprême est ainsi défini avec rigueur comme connaissance intellective — traditionnellement dite vision bienheureuse ou vision béatifique — de Dieu en lui-même, en son essence même qui est infinie et grâce à elle qui est sa félicité[66]. Il est ainsi cette fin sublime qui est simultanément incréée en ce qu'elle est partage de la félicité de Dieu lui-même et créée au titre de fruit d'une activité qui, pleinement nôtre, sera intériorisée en notre subjectivité. Sa source et son critère sont, du fait de l'essence infinie qui en est l'objet, cette communion des Personnes qui sont en circumincession au sein de la Trinité[67]. Connaître Dieu «tel qu'il est» et en conséquence l'aimer comme bien ultime en son essence même qui dans le Verbe est intellective et dans l'Esprit Saint amour pour Dieu lui-même et pour nous, telle est l'opération exercée sous l'assistance de la grâce, de soi infinie puisque seule l'essence incréée de Dieu en est l'objet et le critère. Le sujet humain est assurément débordé par le don de grâce compris de la sorte : n'est-ce pas là une version techniquement élaborée de la parole du Christ à la Samaritaine : «Si tu savais le don de Dieu» (*Jn* 4, 10), c'est-à-dire, explique Thomas, que Dieu est Don : «Il (le Christ) propose le Donateur lui-même[68]». C'est ce que les Pères grecs, et notamment Denys suivi par S. Bernard, nomment divinisation de l'homme. L'élargissement dilatant qu'entraîne la jouissance forcément finie d'un tel don, lequel n'est autre que la nature incréée et infinie de Dieu-Don se communiquant sans restriction quant à lui-même, est cause de ce «jaillissement en vie éternelle[69]» qu'évoque l'Évangile. D'où encore cette possibilité de progression en principe infinie que des Pères grecs ont nommée «épectase». La dilatation comblante propre à la félicité ultime ainsi entendue vérifie la «mesure tassée et débordante» (*Lc* 6, 38) annoncée par le Donateur et Don.

La nature primordialement intellective de l'opération bienheureuse rend compte du thème biblique des arrhes ou acomptes dès à présent expérimentables de la joie promise. L'intelligence est en effet chez l'homme seule apte, avec la grâce, à nouer la référence intellective de caractère direct avec Dieu se rendant par grâce présent au cœur du juste. Ce statut intellectif sera pourtant et sans tarder âprement contesté par

---

l'âme du Christ connaît (Dieu) par une forme intelligible incréée *(per speciem increatam)*»; *In Sent.*, IV d.49 q. 2 a. 1. K. RAHNER, «Pour la notion scolastique de la grâce incréée», *Écrits théologiques*, III, p. 35-69, constate l'absence du thème de grâce incréée dans l'académisme traditionnel qui l'a en fait éliminé (la position de Thomas y est abusivement réduite).

66. *S. Th.*, I-II q. 3 a. 8. Cf. *S.c. Gentiles*, I c. 101 § 839 : «Dieu est sa béatitude au titre où il est, de par sa propre essence, son être et son intellection mêmes»; cf. *supra* note 8.

67. Cf. *Comp. Theol.*, II c.9, t. 42, p. 204, 373s., avec *Lc* 22, 29-30.

68. *Lect. in Jo*, c. 4 lect. 2 § 579 (sur 4, 10) : ...*duo cognoscenda proponit. Primo scilicet ipsum donum [...], quod est omne bonum desiderabile, quod est a Spiritu Sancto [...]. Secundo proponit ipsum Datorem, unde dicit «et quis est qui dicit tibi, etc.», scilicet si scires Eum qui dare potest, Qui sum Ego*. Ce serait exténuer le sens de ce texte que de réduire le terme *proponit* à ne signifier qu'un banal entretien. Thomas déclare dans l'*Office du Corps (eucharistique) du Christ* : «... il (le Christ) se donne en nourriture de ses propres mains» *(Hymne des premières Vêpres)*.

69. *Jn* 4, 14.

les théologiens volontaristes qui en leur psychologisme subjectif l'ont réduit à la collation d'une simple «lumière» auxiliaire de statut créé et fini (néanmoins dite surnaturelle en un sens vague, mais dont on ne voit pas qu'elle puisse assurer la connaissance de Dieu «tel qu'il est» en sa nature infinie et incréée). Seule l'opération intellective comme l'entend Thomas rend possible d'aimer Dieu «par-dessus tout».

3. Un réel avant-goût de la béatitude parfaite est accessible dès à présent

«La grâce est gage de la gloire éternelle et [...] son inchoation [70].» De même que l'accomplissement de la béatitude est suscité par le Don de Dieu et est activité qui est conjointement fruit de l'intellect humain et de ce don, ainsi la vie du fidèle se développe avec l'assistance de la grâce pour exercer la connaissance infuse et l'amour de charité propres à la vie théologale. La magnificence du Don divin dans le Christ n'est pas exclusivement future, car elle est déjà celle de la grâce qui, actuellement conférée par l'Esprit Saint et ses dons diffusant les acomptes évoqués plus loin, a son instance suprême dans la grande doctrine traditionnelle, du moins jusqu'à l'essor du volontarisme nominalisé, de l'inhabitation chez le juste du Verbe et du Saint-Esprit [71]. Les missions ou venues des Personnes divines suscitent le retour de l'homme vers le Principe suprême et son accès progressif à l'accomplissement ultime [72]. L'architecture de la *Somme de théologie* est commandée par ce thème de mission ou d'inhabitation par grâce des Personnes divines chez le fidèle, on ne l'a que trop méconnu [73].

Le plan de la *Somme de théologie* se distribue en trois grandes parties : la *Première Partie, Prima Pars*, traite de ce qu'est Dieu en lui-même, mystère trinitaire des Personnes divines, et de son œuvre créatrice. Les *Deuxième* et *Troisième Parties* sont en relation organique, car elles exposent les conditions d'accès à la félicité parfaite moyennant l'activité exercée selon le Don de Dieu. La première moitié de cette *Deuxième Partie* examine les ressources de l'agir humain et s'ouvre par le traité de la béatitude (*I-II* q.2-5), tandis que la seconde moitié étudie les opérations intellectives et volitives suscitées par la grâce : la foi théologale, la charité et l'espérance qui engagent toutes les ressources opératives de l'homme. Consacrée au Verbe incarné en son agir rédempteur et à la causalité qu'il exerce avec le Saint-Esprit dans la vie sacramentaire des

---

70. *Super Ep. ad Hebr.*, c. 12 lect. 5, § 723 : *donum gratiae, quod in praesenti recipimus tanquam pignus aeternae gloriae et [...] quoddam gloriae inchoativum.*

71. *S. Th.*, I q. 43 a. 3 et a. 6 ; *In Sent.*, I dd. 14-18, et surtout d. 15 q. 4 a. 1 Resp. (texte traduit en mon étude *Le Christ selon saint Thomas d'Aquin*, Paris 1988, p. 82) ; q. 5 a. 1 Sol. II ; a. 2 et 3 ; *Expos. textus. Lect. in Jo.*, c. 14 lect. 6, § 1958 ; *Super I Ep. ad Cor.*, c. 3 lect. 3, § 173 ; *Super Ep. ad Colos.*, c. 2 lect. 2, § 96s.

72. *Ibid.*, Prologue de la *Deuxième Partie*.

73. Même l'ouvrage compétent de O.-H. PESCH, *Thomas d'Aquin. Grandeur et limites de la théologie médiévale*, Paris 1994, ne met pas en évidence la fonction architecturale du thème des missions temporelles des Personnes divines. Il l'effleure pourtant avec, à propos justement du plan de la S. Th., la notion de grâce incréée, en notant (p. 495) le contexte de Contre-Réforme des controverses qui ont conduit à la négliger.

fidèles, la *Troisième Partie* y montre la source, la mesure et le but à atteindre pour partager sa félicité de Fils.

Le don sublime de Dieu source de la félicité, Thomas en rend compte par référence aux deux doctrines corrélatives que sont d'une part, en *Première Partie*, le traité de Dieu-Trinité dont la clef de voûte est la *Question 43* relative aux missions temporelles des Personnes divines chez le juste — «comme le connu dans le connaissant et l'aimé en l'aimant»[74] — et de l'autre, en *Troisième Partie*, le traité de l'union hypostatique constitutive du Verbe incarné et cas majeur du thème de ces missions temporelles, principes primordiaux de l'intervention de Dieu Trinité pour la félicité du salut. L'ample *Deuxième Partie* relative à l'agir humain ne constitue pas une parenthèse plus psychologique ou philosophique, car ce qu'elle expose, c'est d'abord l'efficacité de la grâce qui, infuse à l'homme, engendre en lui le dynamisme requis pour les activités tant intellectives que volitives de la progression vers le bonheur accompli. La coopération de l'agent humain et de Dieu intervenant directement en son don de grâce, Thomas enseigne qu'il ne faut l'entendre par mode de partage quantitatif, mais de synergie : l'effet produit, en l'occurrence la promotion au bonheur accompli chez le sujet humain, est à la fois en totalité l'œuvre de Dieu et en totalité également l'œuvre de l'homme[75]. «Dieu fait en faisant que nous fassions»[76]. Achèvement et perfection de la nature, la grâce libère chez le sujet humain un dynamisme et une liberté accrus.

Le Verbe incarné, qui s'est défini pour nous «Vérité et Vie»[77], est pour le fidèle à la fois chemin en son humanité et en sa divinité terme du chemin : chemin par lequel progresser vers la vie bienheureuse et terme de ce chemin. Cette référence christologique confirme la détermination de la félicité comme communion intellective avec Dieu en sa nature ou essence intellective et caritative. Une telle communion, seule la rend possible la médiation du Verbe λόγος de Dieu en l'humanité duquel le Don divin est déjà pleinement réalisé et où se vérifie au degré maximal la notion de mission temporelle du Verbe divin dans l'humanité.

«La grâce est conférée à l'homme par Dieu pour que celui-ci puisse parvenir à l'accomplissement ultime et parfait, à savoir à la félicité dont il a par nature le désir»[78]. Apportés par elle, les dons infus de l'Esprit Saint confèrent de déjà goûter à la saveur du bonheur accompli[79]. La récapitulation de tous les biens qui caractérise le bonheur ultime, Thomas la montre se réalisant en cette opération suprême qui condensera tous les biens du fait de sa double dimension incréée et créée que l'on a notée plus

---

74. *S. Th.*, I q. 43 a. 3 Resp.

75. *S.c. Gentiles*, III c. 70, Marietti § 2466, à la suite de S. Bernard, *De gratia et lib. arb.*, XIV, 47, Rome 1963, t. 3 p. 199-200 ; SC 393 p. 349.

76. *Lect. in Jo.*, c. 14 lect. 3, § 1901.

77. *S. Th.*, III, Prologue ; cf. *Lectura in Jo.*, c. 14 lect. 2, § 1868.

78. *Super II Ep. ad Cor.*, c. 13 lect. 2, § 534 : *Gratia autem datur homini a Deo, per quam homo perveniat ad suam ultimam et perfectam consummationem, id est beatitudinem ad quam habet naturale desiderium.*

79. *S. Th.*, II-II q.8 a. 4 Resp. : «De même que le don de l'amour de charité est en tous ceux qui sont dotés de la grâce, ainsi le don d'intelligence se trouve en eux tous».

haut. La grâce qui dès aujourd'hui établit en référence immédiate à Dieu en son être même inaugure la transformation qu'évoque S. Paul et qui, une fois accomplie, vérifiera la «vision parfaite»[80]. Au juste qui à présent s'engage vers cette perfection ou épanouissement achevé, elle confère à la mesure de la promotion transformante qu'elle suscite d'expérimenter par anticipation la jouissance des fruits de l'Esprit Saint en ses dons. Dès maintenant le juste jouit ainsi d'une réelle inchoation du bonheur ultime[81].

A la suite de S. Augustin connectant les Béatitudes évangéliques et les dons de l'Esprit Saint, Thomas expose comment le fidèle a dès à présent et par anticipation la jouissance d'un avant-goût de la félicité parfaite[82]. C'est ce qu'il nomme béatitude imparfaite qui, déjà aujourd'hui accessible, assume les humbles joies quotidiennes, les décante et les transfigure en y reflétant la liesse du Royaume. A propos de *Galates 5, 22*, il écrit :

Fruit qui est acquis, cela signifie quelque chose d'ultime quant à celui qui le produit [...] et [pour lui] quelque chose de doux et de delectable [...]. Les opérations qu'inspirent les dons du Saint-Esprit sont quelque chose d'ultime en nous. Car l'Esprit Saint est présent en nous par la grâce en vertu de laquelle nous acquérons l'habitus des vertus (théologales), ce qui nous constitue aptes à agir selon ses vertus. [...] Les opérations (ainsi suscitées) sont appelées fleurs en référence à la béatitude future, car à partir des fleurs on possède l'espoir des fruits. De même avec les activités selon les vertus (infuses), on a l'espérance de la vie éternelle et de la félicité. Et de même que dans la fleur commence le fruit, ainsi en l'activité selon ces vertus s'inaugure la félicité qui sera plénière quand la connaissance et la charité seront accomplies[83].

«La béatitude espérée [...] commence dans la volonté par l'espérance et la charité, et dans l'intelligence par la foi»[84]. En sa vie selon les vertus théologales le référant directement à Dieu en sa vie trinitaire, le fidèle expérimente l'aurore du bonheur même de Dieu. Les dons infus inhérents à la foi, l'espérance et la charité colorent le concret de sa vie en affectant les vertus morales dont l'activité est intégrée par les Béatitudes. On passe rapidement en revue les précisions qu'offre notre théologien reliant ces

---

80. *Ibid.*, I-II q. 3 aa. 1-3 ; a. 3 Resp. : *beatitudo hominis consistit essentialiter in coniunctione ipsius ad bonum increatum* ; cf. I q. 62 a. 8 ad 1. *Super Ep. II ad Cor.*, c. 3 (18 : *in eamdem imaginem transformamur)* ; lect. 3, § 114 : *Cum enim omnis cognitio sit per assimilationem cognoscentis ad cognitum, oportet quod qui vident aliquo modo transformentur. Et siquidem perfecte vident, perfecte transformantur, sicut beati in patria per fruitionis unionem : I Jo 3,2 : Cum autem apparuerit, etc.*

81. *Ibid.*, I-II q. 69 a. 2 Resp.

82. *Ibid.*, I-II q. 10 a. 4.

83. *Super Ep. ad Gal.*, c. 5 lect. 6, § 328 : *Fructus sic acceptus duo importat, scilicet quod sit ultimum producentis [...] et quod sit suave sive delectabile. [...] Opera virtutum et Spiritus sunt quid ultimum in nobis, nam Spiritus Sanctus est in nobis per gratiam per quam acquirimus habitum virtutum et ex hoc potentes sumus operari secundum virtutem. [...] Dicuntur etiam flores respectu futurae beatitudinis, quia sicut ex floribus accipitur spes fructus, ita ex operibus virtutum habetur spes vitae aeternae et beatitudinis. Et sicut in flore est quaedam inchoatio fructus, ita in operibus virtutum est quaedam inchoatio beatitudinis quae tunc erit quando cognitio et charitas perficientur.*

84. *S. Th.*, II-II q. 5 a. 1 Resp.

dons infus aux opérations ainsi exercées. En domaine théologal, «vertu», comme on le sait, dit non seulement principe d'heureuse prestation, mais de plus pouvoir ou puissance d'agir selon l'«ordre de l'amour»[85], ce qui est davantage connexe au bonheur qui s'amorce.

Enrichie de l'apport intellectif de la Révélation, l'intelligence pratique discerne le critère de l'agir en ce que désigne l'expression biblique de «Loi nouvelle», celle de l'Esprit Saint. Loi, ici restitue l'hébreu *Tora* qui a le sens de code de l'Alliance. La Loi Nouvelle est celle non pas des impératifs brimant la liberté, mais des seules exigences de l'amour personnel de ce qui, en accord avec la grâce et confirmé par elle, est jugé bien librement aimable. Avec S. Paul et S. Augustin, Thomas déclare :

Ce qui est le plus éminent dans la Loi néo-testamentaire et en quoi se résume toute sa force efficace, c'est la grâce de l'Esprit Saint qui est conférée moyennant la foi au Christ. C'est pourquoi la Loi Nouvelle est à titre principal la grâce de l'Esprit Saint accordée à qui a foi au Christ. [...], loi de la foi inscrite dans le cœur des fidèles [...], présence même de l'Esprit Saint [...] (La Loi Nouvelle) comporte des éléments à rôle de disposition préparante [...] qui sont quasi secondaires, dont il a fallu que les fidèles fussent instruits en paroles et par écrit concernant ce qui est à croire et à faire. [...] A titre principal, la Loi Nouvelle est cette Loi infuse et à titre secondaire la Loi écrite[86].

«La Vérité vous rendra libres», dit le Seigneur (*Jn* 8, 32), ce que Thomas commente en notant qu'il faut entendre libération de l'erreur, du péché et de la mort[87]. La foi théologale, qui est adhésion intellective à la vérité révélée, est suscitée et sustentée par les dons infus de sagesse et d'intelligence qui, solidaires de la grâce, sont en leur association avec elle traditionnellement nommés «lumière de foi»[88]. Sans atteindre l'évidence, mais avec cette certitude intime qu'ils valent à l'intelligence appliquée aux vérités de la foi, ces dons issus de l'Esprit Saint persuadent intimement de la vérité certaine de ce qui est révélé et lui procurent l'expérience de la Béatitude évangélique des cœurs purs[89]. La pureté dont il s'agit est celle du partage de la Parole divine autant que possible accueillie et intégrée de façon active : «Déjà vous êtes purifiés par la parole que je vous ai dite»[90]. Ces dons amènent la pensée à émigrer

---

85. *Ibid.*, I-II q. 55 a. 1 ad 4.

86. *Ibid.*, I-II q. 106 a. 1 Resp. : *Id quod est potissimum in Lege Novi Testamenti et in quo tota virtus eius consistit est gratia Spiritus Sancti quae datur per fidem Christi. Et ideo principaliter Lex Nova est ipsa gratia Spiritus Sancti quae datur Christi fidelibus [...], « lex fidei scripta est in cordibus fidelium », [...] « ipsa praesentia Spiritus Sancti ». Habet tamen Lex Nova quaedam sicut dispositiva ad gratiam Spiritus Sancti [...] quae sunt quasi secundaria in Lege Nova, de quibus oportuit instrui fideles Christi et verbis et scriptis, tam circa credenda quam circa agenda. [...] Principaliter Lex nova est Lex indita, secundario autem lex scripta.*

87. *Lectura in Jo.*, c. 8, lect. 4, § 1198-1199.

88. *S. Th.*, I-II q. 8 a. 1 ; II-II q. 8 a. 1 Resp. : *illud lumen supernaturale homini datum vocatur donum intellectus.*

89. *Ibid.*, II-II q. 8 a. 7 ; cf. *In Sent.* III d.34 q. 1 a. 4, Moos n° 113s.

90. *Jn* 15, 3 ; cf. *Lectura in Jo.*, c. 15 lect. 1 § 1987 : «... il purifie par la vertu de foi, *Actes* 15, 9 : 'purifiant leur cœur par la foi'.»

jusqu'en la Parole du Verbe, c'est-à-dire à s'élargir jusqu'à communier à la pensée et l'amour dont vit Dieu-Trinité. Cette éclosion à la vie nouvelle est exode vers la vraie Terre Promise[91]. Abraham, à l'aube de la Révélation, en a le premier fait l'expérience au point de «voir le jour»[92], c'est-à-dire l'aurore de la splendeur propre au Verbe incarné. La foi théologale est ainsi cet exode ou ouverture avant tout noétique qui libère la pensée pour la dilater par centrage de type dialoguant sur le Verbe incarné témoin de l'amour dont Dieu aime.

Ces dons de sagesse et d'intelligence infuses, en attestant au sujet humain en sa conscience intime son adoption filiale dans le Fils (Rm 8, 14s.), le dotent de la conviction assurée de la pertinence pour lui-même en son individualité de la promesse divine du bonheur, la Providence de Dieu prenant soin de chaque élu en sa singularité[93]. Ils valent ainsi à chacun de discerner sa véritable identité personnelle, celle que le Créateur et Sauveur lui confère et qui est son Moi recréé dans la Création nouvelle (2 Co 5, 17). Face «subjective» du thème de joie de la vérité (révélée), cet accès au Moi de l'homme nouveau est évoqué par le Nom Nouveau de l'Apocalypse et la confidence admirative de S. Paul en Galates : «C'est le Christ qui vit en moi, [...] qui m'a aimé et s'est livré pour moi»[94]. Pouvoir d'action ajustée à la particularité de l'agent et à la contingence de chaque activité singulière, la sagesse pratique, déjà assistée par les dons infus de sagesse et d'intelligence, est encore aidée, quant aux questions éthiques et aux choix inévitables dans l'ordre de l'agir pratique, du don infus de conseil qui l'affranchit de la perplexité. Le fidèle entre par là en jouissance de la miséricorde promise par la Béatitude des miséricordieux[95].

L'espérance théologale, qui s'appuie sur le secours divin, réside en la volonté et l'habilite à agir en tension vers la félicité promise[96]. Elle avive le désir de la béatitude malgré les difficultés à surmonter. L'accès progressif à la félicité est maintes fois rappelé par Thomas[97]. Le don approprié à l'espérance est celui de crainte ou révérence filiale, dont le fruit ou jouis-

---

91. S. Th., III q. 56 a. 2 ad 4 : in iustificatione animarum [...] novitas vitae per gratiam ; q. 66 a. 1 ad 1 : posuit [...] regenerationem quod per baptismum homo inchoat novam vitam justitiae, et illuminationem, quae pertinet specialiter ad fidem per quam homo spiritualem vitam accipit.

92. Jn 8, 56 ; cf. Lect. in Jo., c. 8 lect. 8 § 1287 : Est autem duplex dies Christi, sc. aeternitatis [...]. Item dies incarnationis et humanitatis (la suite expose qu'Abraham a entrevu la future Incarnation prélude à la vision bienheureuse de Dieu).

93. Super Ep. ad Rom., c. 8 lect. 6, § 697 : Deus specialem curam de justis habere dicitur, secundum illud Ps. 33, 16 : Oculi Domini super iustos ; lect. 5, § 678 : Unicuique autem dat (Deus) gratiam proportionatam ei ad quod eligitur. Pour le soin particularisé selon lequel la Providence divine régit chaque créature, cf. S. c. Gentiles, III c. 75, § 2511, 2513, 2515 ; c. 76 § 2519, 2521, 2523.

94. Ga 2, 20 : «C'est le Christ qui vit en moi. Car ma vie [....], je la vis dans la foi au Fils de Dieu qui m'a aimé et s'est livré pour moi» ; Ap. 2, 17 : «Nom nouveau connu uniquement de celui qui le reçoit». Voir Thomas, Super Ep. ad Gal., c. 2 lect. 6 § 106, 107 et 110.

95. S. Th., II-II q. 52 a. 2 et a. 4.

96. Ibid., II-II q. 17.

97. Voir les multiples références relatives à l'étalement temporel de la progression humaine vers la félicité dans La Personne humaine ..., p. 506s.

sance actuelle est l'assurance optimiste, car fondée sur le caractère irrévocable de la promesse divine. En étroite coopération avec la vie intellective relevant de la foi théologale, l'espérance, elle aussi théologale, jouit de l'expérience de la Béatitude des pauvres selon le cœur (c'est-à-dire selon la pensée intelligente) adressée à qui fonde sa recherche de la félicité, non sur sa capacité propre, mais sur la promesse divine sûre et certaine [98]. Requise pour la prière, elle est la raison principale de l'humilité chrétienne à laquelle elle assure cette magnanimité qu'entraîne la conviction d'être digne, par grâce et en toute modestie, de la magnificence du Don infini de Dieu.

Siégeant en l'intelligence en sa coordination à la volonté aimante, le don infus de sagesse sustente l'amour de charité que notre théologien définit comme amitié avec Dieu [99]. Inséparable de l'amour d'amitié seul admissible entre amis, ce don confère de discerner d'expérience personnelle ce que le Dieu de l'Alliance est pour le Moi de chacun : à savoir amour [100]. Il assiste le fidèle à transmuer ce que déjà la vertu naturelle de justice impère à l'endroit du prochain en cette attitude dont le modèle est l'amitié miséricordieuse de Dieu qu'atteste le Christ. En révélant à l'expérience active du sujet humain le sens positif conféré par la miséricorde divine à ce qui, trop humain par faiblesses et fautes, resterait irrémédiable lacune mais où désormais surabonde la grâce rédemptrice et réparatrice, il procure la jouissance de la paix promise par la Béatitude des artisans de paix [101]. Les autres dons y contribuant, il initie à l'avant-goût de la joie sereine du Royaume de Dieu en ces fruits de paix et de joie qu'a rappelés S. Paul [102].

La vertu morale de justice bénéficie, en son rôle d'ajuster le rapport entre personnes, du don infus dit *pietas*, respect dévoué ou encore révérence cordiale. Elle suscite l'expérience de la Béatitude des doux, ceux-là qui pratiquent cette mansuétude que le Christ atteste à son propre sujet [103]. Pour vaincre les difficultés, elle est assistée du don infus de force qui fait surmonter découragement, faiblesse, persécution, témérité, orgueil ou pusillanimité, et habilite à vivre avec patience et persévérance [104].

Cette brève revue, dans l'enseignement de Thomas, du retentissement de la grâce et de ses dons sur la vie du sujet humain en marche vers son accomplissement rend compte de la réalité effective de ce qu'il désigne par félicité inchoative ou imparfaite goûtée dès à présent par mode d'acompte ou avant-goût de la véritable félicité. Avec S. Augustin, notre théologien rattache une telle expérience à la foi vive sous le nom de « joie de la vérité », c'est-à-dire de la vérité de la vie développée dans la perspec-

98. *S. Th.*, II-II q. 17 a. 12.
99. *Ibid.*, II-II q. 23 a. 1 Resp.
100. *Ibid.*, II-II q. 45 en entier.
101. Voir *ibid.*, II-II q. 45 a. 6.
102. *Ibid.*, II-II q. 28-29. *Ga* 6,22-23 ; *Ep* 5,9.
103. *Ibid.*, III-II q. 121 a. 1-2.
104. *Ibid.*, II-II q. 139 a. 1-2.

tive du vrai bonheur [105]. Cette fécondité de la foi vive postule sans doute, pour l'identifier en sa discrétion, une intériorité développée en attention contemplative, mais il est à estimer que l'expérience minimale de la certitude paisible et optimiste propre à la foi théologale n'attend pas pour être réelle d'être l'objet d'une remarque explicite et formulable.

Ainsi assisté des dons de l'Esprit Saint, le fidèle est à même d'apprécier les joies et plaisirs immédiats dans la vie humaine bien conduite comme de modestes secours adaptés et des indices prometteurs. Ce faisant il découvre la pertinence du conseil évangélique du renoncement. La poursuite de la perfection conseillée par le Christ, la grâce la rend plus aisée (expeditius) en pratiquant le dépassement et le renoncement des biens subordonnés, estime Thomas [106]. En vue de se rendre réceptif d'un degré meilleur du bonheur anticipé qu'annoncent les Béatitudes, le fidèle comprend avec l'aide de la grâce que si les Béatitudes parlent de renoncement à soi-même, c'est encore pour un meilleur accès à la véritable félicité jusqu'en sa part actuelle. Convaincu que l'ascèse inhérente au métier d'homme comporte, chez qui est désireux du bonheur, le souci d'instaurer en sa vie une sage cohérence, il s'applique, aidé du don infus de conseil, à la tâche d'unifier le concret de son existence en la centrant sur la foi [107]. Sans mépris pour ce qui est bien humain, il discerne que l'espérance théologale, si elle ne trouve pas sa perfection dans la fuite hostile des biens temporels, incite à leur judicieuse appréciation comme moyens relatifs utiles pour acheminer vers la béatitude parfaite [108]. Vivre selon les vertus théologales n'impose donc pas le rejet négatif de toute délectation ou de tout plaisir de rang plus modeste, mais conduit à choisir et assumer ce qui est le plus en connivence avec elle. Celui qui est assisté des dons infus de la grâce se sent intéressé par l'échange des biens subalternes contre la Perle du Royaume. C'est là affaire de réponse personnelle où se vérifie cette attraction séductrice que le Christ évoque en Jean : «Nul ne vient à moi si le Père qui m'a envoyé ne l'attire» (Jn 6, 44). Dans la parabole de la Perle, c'est avec une joie qu'il sait sagement justifiée que le connaisseur liquide sa collection de perles pour acquérir la Perle des perles.

L'accès dès à présent au bonheur véritable tel que l'entend Thomas d'Aquin implique ainsi le concours actif et responsable du sujet humain.

---

105. «Joie de la vérité» : Augustin, Confessions, X, 23 ; Thomas, S. Th., I-II q. 3 a. 4 ; q. 4 a. 1 ; Comp. Theol., II c. 9, 408s ; etc.

106. S. Th., I-II q. 108 a. 4 Resp.

107. Super Ep. I ad Tim., c. 6 lect. 2 § 249 : «L'achèvement perfectif de l'homme, c'est qu'il unifie son cœur, car dans la mesure où il est mieux unifié, il est plus ressemblant à Dieu qui est vraie unité». Super Ep. ad Hebr., c. 5 lect. 2 § 273 : «Quand l'homme atteint l'âge d'adulte, il use d'une nourriture plus solide, plus dense et plus noble. Ainsi à l'homme spirituel qui accède à la perfection doit être proposée une doctrine plus élevée. Pour lui la perfection est double : l'une est celle de l'intelligence, quand il est apte au jugement intellectif pour discerner droitement et juger de ce qui se propose à lui ; l'autre perfection est celle de l'amour que constitue la charité, laquelle réside en l'adhésion totale à Dieu».

108. S. Th., II-II q. 19 a. 12 ad 1 : Non autem consistit perfectio in ipsa temporalium bonorum desertione, sed haec est via ad perfectionem ; voir I-II q. 108 a.4.

A la mesure de sa libre réponse, celui-ci, épaulé par l'Esprit Saint et ses dons, progresse vers le bonheur accompli en faisant déjà l'expérience de quelque chose de la joie et de la paix du Royaume de Dieu.

Couvent Saint-Jacques
20, rue des Tanneries
75013 Paris

Résumé de l'article. — Le bonheur dès à présent, fondement de l'éthique selon Thomas d'Aquin. Par Édouard-Henri Wéber.

*Le bonheur, but et fin de la vie humaine, fonde seul l'éthique dans l'enseignement de Thomas d'Aquin qui, appuyé sur l'*Éthique à Nicomaque, *expose les conditions d'intériorité intellective et volitive propres au libre accomplissement dans la félicité. Le critère moral de l'agir réside en son accord avec la nature essentielle de l'homme qui est avant tout intellective et fondement de la liberté. La gestion de la vie revient à la sagesse pratique qui, seule juge en dernière instance du concret de l'action exercée selon les vertus morales, est chez le fidèle assisté de la grâce, soutenue par les dons infus de l'Esprit Saint. Pour Thomas corrigeant la thèse de ses contemporains réservant le bonheur pour l'eschatologie, la félicité véritable, qui sera plénière avec la connaissance de Dieu « tel qu'il est » promise pour l'accomplissement ultime, s'inaugure dès maintenant dans la mesure où la vie est menée selon les vertus morales elles-mêmes animées des dons de la grâce. D'où la participation à la vie trinitaire bienheureuse qu'assure la mission (présence) des Personnes divines en l'homme justifié. Celui-ci a, dès à présent, la jouissance, en sa vie théologale qu'animent la joie et la paix de l'Esprit Saint, de l'aube du bonheur plénier. Cette acception existentielle préside à la méthode thomasienne de la théologie, comme l'atteste le plan de la* Somme de théologie.

Summary. — Present happiness, the foundation of ethics according to Thomas Aquinas.   By Édouard-Henri Wéber.

Happiness, the goal and end of human life, alone founds the ethics in the teaching of Thomas Aquinas, teaching which, based on the Ethics to Nicomachus, *exposes the conditions of intellective and volitional interiority appropriate for the free accomplishment of happiness.   The moral criterion of action resides in its accord with the essential nature of man, which is before all else intellective and the foundation of liberty.   The conduct of life is a matter of practical wisdom which alone is the final judge of concrete actions made according to moral virtues, and which, in the believer assisted by grace, is supported by the infused gifts of the Holy Spirit.   For Thomas, correcting the thesis of his contemporaries who reserve happiness for eschatology, true felicity, which will be completed with the knowing of God "as He is" and is promised for the ultimate accomplishment, begins now to the extent to which life is led according to moral virtues themselves animated by the gifts of grace.   It is from here that participation in the blessed life of the Trinity stems, participation which is assured by the mission (presence) of the divine persons in the justified man. Henceforth he has the benefit, in his theological life animated by the joy and peace of the Holy Spirit, of the dawn of complete happiness.   This existential supposition pervades the Thomasian theological method, as is shown by the framework of the* Summa Theologiae.